INTRODUCING CAPITALISM:

A GRAPHIC GUIDE by DAN CRYAN, SHARRON SHATIL & PIERO

Text copyright: © 2009 DAN CRYAN, and SHARRON SHATIL

Illustrations copyright @2009 PIERO

This edition arranged with ICON BOOKS LTD

through BIG APPLE AGENCY, INC., LABUAN, MALAYSIA.

Simplified Chinese edition copyright:

2016 SDX JOINT PUBLISHING CO. LTD.

图画通识丛书
A Graphic Guide

资本主义

Introducing
Capitalism

丹·克莱恩（Dan Cryan）

沙罗恩·沙蒂尔（Sharron Shatil）/ 文

皮埃罗（Piero）/ 图

梁雅茜 / 译

三联书店

图书在版编目（CIP）数据

资本主义 /（英）丹·克莱恩，（英）沙罗恩·沙蒂尔文；梁雅茜译；
（英）皮埃罗图. 一北京：生活·读书·新知三联书店，2016.12
（2025.5 重印）
（图画通识丛书）
ISBN 978 – 7 – 108 – 05734– 1

Ⅰ. ①资… Ⅱ. ①丹… ②沙… ③梁… ④皮… Ⅲ. ①资本主义 – 研
究 Ⅳ. ① D091.5

中国版本图书馆 CIP 数据核字（2016）第 134046 号

责任编辑　樊燕华
装帧设计　朱丽娜　张　红
责任印制　卢　岳
出版发行　**生活·讀書·新知** 三联书店
　　　　　北京市东城区美术馆东街 22 号
邮　　编　100010
网　　址　www.sdxjpc.com
经　　销　新华书店
排版制作　北京红方众文科技咨询有限责任公司
印　　刷　北京隆昌伟业印刷有限公司
版　　次　2016 年 12 月北京第 1 版
　　　　　2025 年 5 月北京第 3 次印刷
开　　本　787 毫米 × 1092 毫米　1/32　印张 5.75
字　　数　93 千字　图字号 01-2015-6455
印　　数　09,001- 11,500 册
定　　价　28.00 元

（印装查询：010-64002715；邮购查询：010-84010542）

目 录

资本与资本主义

资本主义指的是一系列基于生产资料私有以及以获利为目的的货物交换的经济制度。 资本主义经济通常以自由竞争和工业化为特征，不过没有工业的资本主义也并非不能存在。

一般而言，资本主义制度的核心在于积累可用以再生产的资源。这些资源即大家所说的"**资本**"。资本主义之名亦由此而来。

资本主义不只着眼于短期利益，而是将再投资视为获取未来更大利润的主要来源。

资本主义与封建制度

现代资本主义始于中世纪商人阶级的兴起。

通过贸易富裕起来的商人，开始打破以出身决定一个人的社会、经济和政治地位的森严的封建制度。

资本主义在欧洲成为主导之后，便像野火般向全世界蔓延，成为当时商业、繁荣、帝国和剥削背后的驱动力。由于资本主义是基于贸易、私有权和货币的经济制度，它的发展离不开贸易和银行业的历史。

但在10世纪的欧洲，无论是贸易还是银行业都不太发达。

古老的贸易通道和大部分的海洋都为穆斯林王国所掌控。而欧洲正专注于走出黑暗时代并让每一个人饱腹。

供应食物的土地拥有者成了贵族。由他们建立起来的封建经济制度的基础，在于小土地单元和稳定的生产水平之间的微妙平衡。封建制度所追求的是稳定，亦因此与永远追逐更广大市场的资本主义截然相反。

十字军

当时商人和手工匠人——如面包师和织布者——在欧洲城市逐渐产生影响，但却是教会发起了中世纪欧洲第一场真正意义上的国际贸易大冒险之旅——这就是 1095 年开始的十字军东征。

十字军征服了地中海东部沿岸，让欧洲人对传统贸易通道获得了更多的控制权，作为其结果，自罗马帝国时代以来，欧洲诸王国首次通过船运实现了对货物和人的相对长距离的运输。

意大利王国拥有当时西欧最先进的船队，因而最先从中获利。

在银行家出身的贵族们——如美第奇家族（the Medici）——的支持下，14 世纪欧洲贸易和银行业的崛起最终发展为**文艺复兴**。

> 意大利的商人阶级越来越富有，逐渐获得权力和影响力。这在共和政体的城邦——如热那亚和锡耶纳——的发展中也扮演了重要的角色。

洛伦佐·德·美第奇
（1449—1492）

> 尽管如此，意大利贸易的规模还是太小且局促一地，除了在有限的几个城镇外，无法撼动封建主义的根基。

圣殿骑士团

13 世纪晚期，在意大利的某些城镇，如锡耶纳，出现了第一批商业银行。银行（bank）一词来源于 banco——在意大利语中是长凳的意思，因为最早的银行服务是在城镇中心的长凳上进行的。但有趣的是，银行业的发起人并非意大利商人，而是圣殿骑士团。圣殿骑士团是成立于 1096 年的一支军事修士会，其目的是保护第一次十字军东征后前往耶路撒冷的欧洲朝圣者的旅途安全。

在欧洲和拜占庭等地穿梭往返可真不容易啊。

土匪和海盗沿途伏击，而疾病更是随时爆发。

所以，当一支坚毅老练，并且因其忠实而广为人知的十字军主动提议承担这一旅程的风险时，不少人都欣然接受。

圣殿骑士团很快就在欧洲的各大主要城市有了自己的代表，并且拥有了连接十字军诸国主要通路上的一众堡垒。

人们可以把货物存入我们的任一分部。我们会就货物兑黄金的价值，提供一份官方票据。凭票据，他们就可以到其他圣殿中心领取等值的黄金。

人们因此得以轻装快捷地上路，在旅途中再就地购买所需物品，并且只需支付小额黄金作为服务费。

圣殿骑士团解体

在十字军的全盛时期，圣殿骑士团变得极其富有。由于他们对十字军国家的生死存亡至关重要，教皇特许他们自己管理事务。这就意味着，骑士团事实上不必听命于任何人。随着十字军国家陷入困境，圣殿骑士团愈来愈多地将他们的巨额财富投资到欧洲的地产中来。

随着在中东的冒险走向终结，欧洲的领导者们越发不满，因为我们掌握着他们碰都碰不到的财富。

比如

法国，他们在十字军东征中卷入如此之深，以至于他们国王的大部分财富都落入我们巴黎的"圣殿"中。

最终，教会和国家联合起来对付我们，指控我们为异端，说我们犯下了无法形容的恶行。

圣殿骑士团最终于 1312 年解散。它的领导人被送上火刑柱烧死，财产被充公、瓜分。教皇将他分得的份额转而委托给其他不那么独立的骑士团，其结果是资助了一系列冒险，例如征服信奉异教的普鲁士人，以及从阿拉伯人手上重夺西班牙领土。

之后银行业主要由意大利私人接手和发展。但银行业的基本理念，从圣殿骑士团时期直至 19 世纪罗斯柴尔德家族（the Rothschilds）到来前，始终保持不变。

打通大航海商道

到 15 世纪末，航船设计的改善以及钟表、罗盘等发明使跨洋越海变得更加容易。

新建立的基督教王国西班牙和葡萄牙，认为值得委派哥伦布西航以及达·伽马南下，去探索通往印度的航道，以绕过被穆斯林控制的陆路。

我在 1492 年的西行，让基督教欧洲发现了美洲。

五年后，我发现了好望角，找到了通往印度的真正航道。

发现的时代

一时间，西班牙和葡萄牙在整个非洲和亚洲沿海都可以进行贸易，同时还坐拥新世界广阔而富饶的土地。从 16 世纪起，国际贸易所能带来的财富，要远远高于欧洲小块封地所得。随着这些财富的到来，封建制度逐渐衰败，并被日后大家所熟知的**商品经济**（mercantile economy）取代。

粗略地讲，商品经济的基本理念是，一个国家贸易的总利润代表了这个国家的财富量。

每一块土地可用于贸易的资源量是有限的。所以，一个国家的贸易量，取决于其拥有贸易权的领地有多少。

扩张主义（Expansionism）

贸易的兴起带来了扩张主义。欧洲诸强，凡有能力者，皆派出船队，希望找到尚无"人"（确切地说，是没有欧洲人）发现的新大陆。欧洲人通过控制海外土地来获取资源——通常，以牺牲原住民的利益为代价。

这一向商品经济的过渡，也大大促进了松散的封建庄园向现代国家的转变。

通常，君主宣称对新的海外领地拥有所有权，而对这些领地的管理则需要一个由王室直接控制的大型行政机构。

这是国家政府的第一个原型。

整个中世纪，在战争时期为国王效力都相当有利可图。但随着领土扩张，贵族们发现在海外为国王效力所得的回报，要远远高于经营自己的庄园。

　　富有的商人也可以通过受封骑士为国王效力。通过这种方式，国王的政府巩固了它作为社会、政治和金融发展的主体地位。

　　一个强大的、中央集权的王朝建立起了第一批欧洲帝国，同时也阻碍了一个强大而独立的商人阶级的壮大，也抑制了私有企业的发展。其结果是，资本主义并没有在西班牙和葡萄牙帝国诞生，而萌芽于在国际贸易竞争中处于弱势的后来者，尤其是英国和荷兰。

资本主义的诞生地

荷兰只是一个小国，但它对资本主义发展的贡献却十分巨大。

> 经过80年的抗争，当我们终于在1648年脱离西班牙而独立时，我们并没有强大的贵族阶层，阶级差异也不明显。相反，我们发展出一个活跃于贸易领域的强大的中产阶级。

> 我们国家的人口主要是城市居民，他们是早期的中产阶级商人和小制造商。

可以说，荷兰创造了欧洲唯一真正的"贸易帝国"，并且从未参与工业革命之后帝国主义的土地掠夺。

在 17、18 世纪时，荷兰虽然只掌控了印度洋上一系列现被称为印度尼西亚的岛屿，以及加勒比海地区的一些小基地，但是他们的贸易据点却遍布全球。

> 其中一些日后成为英国殖民地的基础，比如新阿姆斯特丹（现在的纽约）和南非的开普敦。

直至工业革命前，阿姆斯特丹本身亦是欧洲最大的贸易城市，它也是证券交易和保险公司的发源地。荷兰被许多历史学家认为是世界上第一个真正意义上的资本主义国家。

荷兰东印度公司

　　成立于 1602 年的荷属东印度公司是最早的跨国公司之一。荷兰各州以合伙制的形式进行运营。每个城市都设有一个独立分支（称为"chamber"），各分支的代表组成一个 17 人的董事会，每年聚首决定整个公司的发展策略。

> 实际上，这家公司的股东也是它的雇员。

> 它还是第一家在市场上提供股份的公司。

　　通过武力手段和经济施压，东印度公司在印度尼西亚建立起荷兰帝国，它还成功地将葡萄牙人从他们大部分印度洋沿岸的贸易据点赶走。东印度公司成了一个被纷纷仿效的成功的企业案例。直到 18 世纪的最后几十年，它都在竞争中独领风骚。

英国海盗

　　跟荷兰一样，英格兰作为一个新教国家，受着天主教势力的威胁——海上的西班牙及陆上的法国。就 16 世纪下半叶的形势来看，从南美返回的西班牙商船，因载满金银而不堪重负，英王鼓励私人船主劫掠这些行动缓慢的西班牙商船，于己毫发无损。

> 但英格兰的经济和政治进步很慢。即便西班牙的无敌舰队 1588 年因天气而惨败于英国，但其海上霸主的地位仍然不可撼动。

> 我们继续着这种由王室支持的海盗抢掠策略，直到 1604 年因英西战争结束而被叫停——起码是停了一段时间吧。

私人投资的力量

　　1600 年，伊丽莎白一世以一纸皇家特许状，创立了不列颠东印度公司。在她的继承者詹姆斯一世统治期间，英国已经相当习惯于由私营公司资助政府批准的项目。依靠弗吉尼亚公司（创立于 1606 年），詹姆斯利用私人投资，趁与西班牙战争停歇的空隙，开始建立詹姆斯敦——不列颠在北美洲的第一个长久的殖民地。

但这就意味着英格兰的商人阶级亦随着贸易的发展而壮大，他们的政治力量日渐增强。

这又反过来影响了人们思考政治的方式，也意味着专制主义从未能够在英格兰占据主导地位。

霍布斯，第一位资本主义思想家

第一位将这些新思想付诸笔墨的主要思想家是托马斯·霍布斯（Thomas Hobbes，1588—1679）。霍布斯可以说是第一位伟大的资本主义哲学家。与之前的许多政治思想家不同——他们思考的问题，大抵是"什么是公正？"，或"谁应该统治？"——霍布斯将个体置于政治理论的中心。

> 从伽利略那里，我学到了一种科学的方法：尝试寻找最简单的单元……

> ……从那里出发，想象这些单元会产生什么样的力和运动，以解释我们看到的事情。

所以研究政治科学的正确方法，应该从理解组成社会的元素开始——换句话说，就是从人开始，研究他们的欲望和脾性——进而理解社会整体。

个体的权力（Power）

　　霍布斯所发现的那类人，是个人主义的且具有"无限"自由的，即认为他们的自由是不受限制的。他们活在对自己的死亡的恐惧里，且生来具有自卫的权利，他们有权采取任何手段以保存性命、反抗伤害和监禁。

我用权力这一概念，来考察人与人的互动。

人们可以有许多原因使用权力，从保存自己的生命或帮助别人，到恶意胁迫他人。

我对个人权力的理解，就是他们利用现有的手段去获取未来好处的能力。

所以，如果一个人能够轻松运用他现有的资源和手段实现未来所想，我会认为他很强大。

一个人的权力取决于很多因素，比如他们的力量、才智和社会地位等，所有这些都会直接影响他们去做想做的事情的能力。但单单靠个体强大，或拥有一个很大的可提供帮助的朋友圈子是不够的。只有当这个人的力量大于其他人的时候，他才能保证自己的目标得以实现。

一个人的价值或身价，正如所有其他东西一样，就是其价格；换句话说，一个人的价值在于别人为了使用他的力量而愿意付出多少，因此身价不是绝对的，而要取决于别人的评价和所需……因此，人的价格，也和其他东西一样，由买家而非卖家来决定。

霍布斯，《利维坦》，第十章

　　不过，只有当一个人可以将他的力量或是工作换成金钱的时候，这种对人之价值的理解才有意义。因此，霍布斯早在分析国家以及国家如何构建之前，就用资本主义框架来理解人。

自然状态

从这一关于人类的观念出发，霍布斯想象出一个缺乏有效政府的时代。他认为，如果没有强大的政府，"人性之恶会压倒人性之善以获取资源，为求自保而不惜诉诸战争——暴力与欺骗"。其结果是，所有人为了任何一点点好处而与所有其他人开战。这是一场所有人对所有人的战争。霍布斯称这个想象中的史前状态为"自然状态"。

《利维坦》，第十三章

在这种状态下，任何产业都无法存在，因为其收益并不确定。因此，农业不兴；亦无航海通商，更别说使用借海运进口的商品；不会有宽敞的建筑；更没有工具协助搬运或卸除重物；至于地理之学、历史记载、技艺、文字甚至社会都将不存在；最糟糕的还是，人们将持续处于暴力死亡的恐惧和危险中。人生孤独、贫困、龌龊、粗暴而又短暂。

《利维坦》与社会契约

　　与其生活在这样的无政府地狱，霍布斯认为人们宁愿臣服于出色的统治者（可以是一个个体或者一群人）的权威，因为这会让他们过上一种更快乐、更富足的生活——他称这一最高权力为"利维坦"（Leviathan）。这种关系应该是契约性的——人们让渡他们对所有东西的自然权利以换取一个和平的社会。

但实际上，情况往往不尽如此。在我的著作《利维坦》（1651）的末尾，我承认，现实中大部分国家都并非基于双方同意，而是强加到人们头上的。

霍布斯在五十多岁时成了一个备受争议的人物。1640 年，英国正陷入内战边缘，政治气氛颇为紧张。霍布斯偏偏在这个时候出书论述强大统治者的必要性。他的观点在两边都不讨好。他因此离开英国，前往法国，并成为尚在流亡中的查理二世的导师。

《利维坦》一书，于英国内战时期写于法国，重申了我已经发表过的许多观点。

但这本书并不讨流亡中的保皇党人喜欢，我的生命还受到了威胁，所以我又回到了克伦威尔治下的英国。

回到英国后，霍布斯从未能真正从争议中逃脱。他在克伦威尔时期幸免于难，1660 年君主制复辟之后，他从查理二世那里得到了一笔养老金，但到头来却被指控为异端，被禁止出版任何与政治相关的论述。他死于1679 年，享年 90 岁。

自然理性和私有财产

到霍布斯离世时，弗吉尼亚公司已经在 1624 年垮掉了，而弗吉尼亚州成了殖民地，由一位国王任命的总督管理。英国的查理一世已被审判，并在 1649 年被斩首。政府支持的海盗抢掠又在加勒比海地区盛行起来，像亨利·摩尔根这样的私掠船，航行于西班牙占领的中南美洲地区，寻找黄金和赃物。

而在英国，一位叫约翰·洛克（John Locke，1632—1704）的天才，对处于自然状态的人性进行了不同的解读。对洛克来说，自然状态有如田园牧歌般的生活，人们只服从于自然法则和上帝的意志。

和霍布斯不一样，我认为在自然状态下人们可以和平共处。

这种和谐之所以可能，是因为在自然的状态里，人性会遵循道德准则，这一准则是人的自然理性能力所赋予的。

为了支持这一观点，洛克用了一个印第安人的例子——一个来自殖民地的新鲜材料。人们相信，这些印第安人大部分时候过着一种接近自然的和平生活。

霍布斯认为，人有权掌控自己的劳动。在这点上洛克走得更远，他赋予人们对自己劳动果实的权利。他思考的出发点是，在自然状态里，每一件东西都归所有人共有，那么**私有财产**的所有权又如何可能呢？

然而，我相信，自然状态里的人也是拥有私有权的。

重要的问题是：原本为所有人共有的东西，如何变成只属于一个人的财产？

洛克提出的问题，对于资本主义的道德正当性至关重要。如果私有财产不能被合法化，那么贸易和投资也不可能是正当的。因为贸易和投资都基于一个观念，即一个人可以拥有财产，并能在合理范围内用它来做自己想做的事。

自然理性告诉我们，每个人都有权利保护自己的身体；那么，人们也理应有权获得延续生命所需的食物。

照此看来，一定存在着某种形式的私有制，因为我吃的食物会变成我的——它们实实在在地变成了我的一部分。

劳动 = 所有权？

　　洛克认为，我们之所以有权拥有自然的一部分，是因为我们在其间劳作——用洛克的话来说，我们在自然里"融入了我们的劳动"。因此，一个从森林里采集橡实的人有权说他拥有这些果实，或者，一个农民在土地上耕作后，可以宣称这块土地归他所有。

> 但这并没有赋予人囤积贮财的权利。我坚持认为，在自然状态里，人们只可以从自然中自由地索取他们真正用得上的东西。

> 这是因为上帝将世界给予全人类，而只有通过在土地上劳动、对其进行改善，一个人才能将它从公有变为私有。上帝并不希望他的造物被贪婪地囤积，而应被用来惠及众生。

　　这一观念——即人对私产拥有自然权利，亦有权决定如何工作以及在哪里工作——成为自由资本主义的基石。在自由主义思想中，如果一个人对某事物拥有自然权利，那么就没有人能干预，即便是国家也不行。

洛克对财产自然权利的解决方案尽管十分巧妙，却存在着一个重大的缺陷，这一缺陷在 20 世纪被美国哲学家**罗伯特·诺齐克**（Robert Nozick,1938—2002）指出来。

我注意到，简单地将你的劳动与某物融合起来，并不足以使它成为你的。假如我把一盒罐头汤倒进海里，那么按洛克的说法，我已经把我的劳动融入海里了。

但如果说我因此就拥有了这片海，那似乎很荒谬。因此，除了劳动外，我们还需要某些别的条件，使我们可以对某物声明我们的权利。

不幸的是，不管是诺齐克还是其他人，都还未能就这个条件是什么给出一个可被广泛接受的解释。其实，洛克的论述只关切到私人财产的**自然权利**，而还有其他一些正当性是可以获得的：比如，是否社会上每一个人都同意。

洛克和公民政府（Civil Government）

　　洛克不仅设法解释私人财产的正当性，他还提出了一套适于资本主义的社会结构。对洛克来说，"公民政府"的作用，就是保障社会全体成员的自由和安全。

和我一样，洛克的出发点也是人的自然权利（自卫的权利，对私有财产的权利，等等）。

他也认为契约是社会的基础。

可是，我认为政府存在的目的在于保护人民的权益。

　　与霍布斯不一样，洛克认为，一个公民政府不应该掌握绝对的权力。相反，如果一个政府企图让人民臣服于专制独断的统治，人民应可自由地换掉它。

洛克和殖民主义

洛克的这些观念与英国政府对其殖民地所采取的严厉管治形成鲜明对比。因此，1775—1783 年美国革命之后，洛克的理念毫无意外地对美国的建国之父们产生了重大影响，尽管洛克对殖民地政策的态度是比较暧昧的。

洛克的一生中，有很长时间都受沙夫茨伯里伯爵一世**安东尼·阿什利·库珀**（1621—1683）的影响，他们是在沙夫茨伯里前来牛津治疗肝部感染时相识的。

很快，洛克就成了我的私人医生。

不久，在我的请求下，洛克参与了《卡罗来纳基本宪法》的撰写，主张在殖民地建立封建贵族制……

……但这从未付诸实践。

沙夫茨伯里协会也让洛克卷进黑麦房阴谋（Rye House Plot）——密谋暗杀查理二世和他的信奉天主教的弟弟，后者也是王位的继承人。

其实没有太多证据证明我曾深深卷入此阴谋，但我还是在 1683 年逃到法国，一直到 1688 年君主制改变了之后才回来。

虽然洛克著书论述自由政治，但他却是皇家非洲公司的投资人之一。这家公司是 1672 年在皇家特许下专门为向种植园贩卖奴隶而成立的。

《国富论》

　　与他的许多同时代人一样，洛克以货币来衡量财富——确切地说，是黄金储备。洛克认为，可消费的货物都太容易被用完，也不太可靠。但货币就很难用完，亦很难消耗掉，因而是财富的真正组成。

　　依此推理，一个国家的政治经济目标，就应该是积累黄金等物（在当时，货币是用贵重金属制作的）。针对这个理论的最著名的批评来自一位苏格兰人，**亚当·斯密**（Adam Smith，1723—1790），以及他写的《国富论》（1776）。

> 洛克的这个理论里最明显的错误是，他完全误解了是什么让国家富裕。

和其他任何东西一样，黄金和白银的价值是可变的。它们的价值，在于它们的稀缺。如果可用的黄金有很多，那么它的价值就会下降。

一个国家的财富并不取决于它拥有的黄金数量，而是它的生产和贸易。

斯密相信，推动贸易的最佳办法，是将其交托给为自身利益驱动的，并且是富于创造性的个体商人。

"我们晚餐的食物可不是屠户、酿酒人和面包师出于仁爱而做的，而是出于他们对自身利益的关切。我们不要诉诸他们的人道博爱，而是要诉诸他们的自爱之心。不要和他们谈我们自己的需要，而要谈对他们的好处。"

《国富论》，第一册，第二章

自利

正是自利引导工人做出从整体上看对社会最有益的事。

试想一下：如果食物稀缺，价格就会上涨；如果价格上涨，那么生产或进口食物就可以赚到更多的钱。

结果，更多的人开始供应食物，自然地，食物又会再充足起来，而价格亦会恢复正常。

与此类似，如果一家公司生产伪劣食物，人们就会去光顾其他地方。因此，公司会出于自身利益去生产质量好的产品。市场的自我纠正机制让斯密认为，我们可以相信市场会提供我们之所需。而政府的干预，是市场进行自由贸易并满足我们所需的最大障碍。

看不见的手

斯密相信，如果没有政府干预的话，市场就会顺利运作，而人们的利己性会让他们惠及他人，就好像有一只看不见的手引导着人们的行为。

在实际中，这只看不见的手有时的确在起作用。虽然有一些公司可以靠劣质产品维持经营，但大部分商品的质量还是相当好的，且供应充足，至少在发达地区是这样。

可是，有些东西——比如道路——最好还是由政府而不是市场来提供。

对斯密来说，有一些事情确是政府应该做的：

首先，政府有责任保护社会免遭其他独立社会的暴力和入侵。其次，政府应该尽可能保护社会的每一个成员免受其他任何成员的不公正对待或压迫。再者，政府有责任建立和维护公共工程，以及某些公共机构。

《国富论》，第四册，第九章

国富论

由于看不见的手是与利润相伴随的，因此对于赚钱前景不那么明显的需求，它并不能很好地满足。意识到这一局限，斯密认为国家应该资助某些事务，如公共教育，以免人们变得太傻。

斯密认为，商品的价值不只来自于其稀缺程度。他进一步指出，一件物品的价值在于一个人交换该物品时所能获得的劳动量。劳动是一件产品生产成本的关键组成，它决定了这件产品的价值，或至少决定了让这件产品可以获利的最低价格。

> 对于一个已经获得了某件物品，或者打算将物品脱手换取别的物品的人来说，他从这个物品得到的真正的回报是：免去自己的辛苦和麻烦，并将这些辛苦和麻烦加于别人身上。

《国富论》，第一册，第五章

国富论

这一观点即是后来广为人知的劳动价值论。它是"古典"经济学的基石。也因此，斯密同意霍布斯的那句"财富就是权力"的名言——并不是因为财富自动为它的所有者带来政治权力，而是因为财富可以让他/她掌控其他人的劳动。

论分工

斯密认为，经济的增长来自于专业化分工。实现利润以及生产效率最大化的最好方式，是让人们专于少数几项特定的技能，而不是去生产整件产品。

比如做大头针。10 个没有受过训练也没有技能的人来做，一个人一天可以生产一根大头针，但总量绝对不会超过 20 根。

而我也曾经看过一个小的专门化工厂，虽然只雇用了 10 个工人，而且设备很简陋，但在很努力的情况下，他们一天能生产多达 48000 根大头针。

斯密认为，专业化分工和生产效率是进步的标志，人类从自给自足的小社会，进入到每一个人掌握着一项单一技能的大社会。

理论上，整个一个国家都可以以单一产业为中心，比如中东的石油帝国，通过贸易获得它所需要的几乎所有东西。事实证明斯密是正确的，而他所描述的那种专业化已经被广泛地采用。

也许最好的例子是流水生产线，它在18世纪90年代开始出现，并在20世纪早期被福特汽车公司发展到极致。

自由贸易

作为自由贸易的信奉者，斯密反对迅速成长中的英帝国强加在其许多殖民地身上的各种关税和限制政策。比如，美国的拓殖者，他们几乎不被允许为自己生产任何东西，而若要从帝国其他地方获取所需商品（例如茶），也统统都得经过伦敦，并因此需要缴付附加关税。

从长远来看，这些关税遏制了贸易的发展，虽然它们的目的是为了让母国更富裕。

再者，欧洲国家对其殖民地实施的严厉控制，是对资源的巨大消耗。

在《国富论》于 1776 年出版之前，我就已经对此问题做了一些思考了，那是美国革命开始后的一年。

但英国政府并没有引以为鉴，20 世纪他们仍然在印度强制推行食盐专营。

苏格兰启蒙运动

斯密的一生大部分都是在爱丁堡度过的。他是苏格兰启蒙运动的一盏明灯。哲学家大卫·休谟也是他的私人朋友。苏格兰与英格兰统一后，大量新财富涌入爱丁堡，借此，启蒙运动者们开始去唤醒沉睡在教条主义中的苏格兰。

斯密通常被认为是现代经济学之父，虽然《国富论》并不全是原创。

它的部分内容来自法国的重农学派，而且相当一部分观点，早就由一位叫安德斯·屈德纽斯(Anders Chydenius, 1729—1803)的瑞典牧师，在比《国富论》早出版了 11 年的《国家收益》(*The National Gain*)一书中先行提出了。

大卫·休谟
（1711—1776）

但随后大多数经济学家引用的都是斯密的研究。

奴隶贸易

在开始写作《国富论》时，我更多地被人们看作一位道德哲学家。所以，不应该太脱离我的道德哲学来理解这本书。

就某些方面来说，这本书也许叫"国家的福利"更合适。

国富论

1790 年斯密过世的时候，英国正主导着国际贸易，而工业革命也刚开始（虽然历史学家们对于工业革命开始的确切时间意见不一）。

然而，为这一发展提供资金的英属西印度群岛和北美殖民地，却严重依赖奴隶劳动来经营他们的蔗糖和棉花种植园。现在普遍认为，非洲大约有两千万人被当作奴隶运往英国殖民地和刚获独立的美利坚合众国的种植园，超过一半的人死于运送途中。

罗斯柴尔德家族

与此同时，在德国美因河畔法兰克福的犹太人区，**梅耶·罗斯柴尔德**（Mayer Rothschilds, 1744—1812）和他的儿子们，已经着手打造那所当今知名的金融机构。罗斯柴尔德生意的独特之处在于，他将五个儿子分别派到了欧洲最繁忙的五大城市开设分部。

我也鼓励他们与各政府建立尽可能多的联系。

以一个私人情报网络紧密协调各分部，我们可以将欧洲每一次政治事件都转化为我们的金融收益。

罗斯柴尔德家族可以说是国际投资银行的创始人——他们能够将资金转移到任何和平繁荣的地方，因此，不管时势如何，他们都能够在投资中获得高额利润。更重要的是，他们很乐于为私人和政府的风险项目提供资金。这两大因素使他们成为一种全新的金融机器。

拿破仑战争（1799—1815）期间，这个家族发了大财。时至今日，他们仍因此而闻名于世。罗斯柴尔德家族最终选择站在英国一边，而这可能是决定战争结果的关键因素之一。他们借钱给英国政府以大力补贴其同盟国。西班牙战役时，他们还通过其私人非法交易网络为威灵顿公爵提供资金。

人们常说，拿破仑在滑铁卢最终战败时，是我的儿子内森——我们在伦敦的代表——通过我们的私人网络最先听到这个消息的。

当伦敦的每一个人都因担心拿破仑卷土重来而疯狂抛售时，我儿子以非常低的价格买下所有的东西。

罗斯柴尔德家族预示了几十年后那些白手起家、富可敌国的企业大亨的出现。

工业化

19 世纪初，英国工业革命正如火如荼，其发展在很大程度上得益于**詹姆斯·瓦特**（James Watt，1763—1819）对蒸汽机的改良。

世界进入了机械纺织时代，站在不列颠不断发展壮大的纺织业中心……

牵引机和其他机械，让粮食的生产翻了十番……

工业开采发现了埋藏在北美、澳大利亚和非洲的地下宝库……

火车和电报线则将全球工业机械连在一起。

1851 年世界博览会上，人们成群结队，前来参观这些新世界的奇观。

工业化最终让西方从贸易经济进入到资本主义经济。在工业化之前，决定一个国家财富的最重要因素是它的**贸易额**，即出口额减去进口额的贸易收支。工业化之后，一个国家的**生产值**变得更为重要。

现在，工业对原材料的需求要远远大于殖民地的供应。为了获得更多价廉的原材料，这些殖民地自身也不得不实行机械化。

紧随着工业化，欧洲贸易的前哨国亦开始发展成羽翼丰满的帝国。

到19世纪的最后10年，世界上的绝大部分地区都在欧洲的直接控制之下，除了那些在欧洲国家到来前就主动屈服的。单是英国，就控制了近乎五分之一的世界。

鸦片战争

欧洲帝国并不反对以武力获得更大的经济利益。英国东印度公司甚至拥有自己的私人军队。

在 19 世纪三四十年代，东印度公司还是世界上曾有过的最大的贩毒集团之一。

我们从印度将数以吨计的鸦片运往中国，以换取贵重的出口物，如丝绸、茶叶和瓷器。

19 世纪 30 年代末，中国加大禁止鸦片贸易的力度，因此引发了两次鸦片战争。第一次是 1839 年到 1842 年，第二次是 1856 年到 1860 年。

第二次鸦片战争结束时（这次法国也加入了），英国迫使中国将鸦片贸易全面合法化，并允许将中国的包身工运到美洲去当奴隶——虽然字面上不这么称呼。

社会科学的兴起

　　工业的兴盛也意味着科学终于在社会上得到了它所寻求的全面的尊重。

> 连那些不愿承认进化论的保守人士都不得不尊重物理学、工程学和化学，因为它们成了权力和财富的来源。

　　随着自然科学愈发受到重视，人们开始尝试用科学的方法来分析人类社会和社会互动。社会学、心理学和经济学开始变得越来越像科学。

　　斯密的《国富论》成为新经济学的主干，但他的定义、概念和主张被表述得更严密，以数学公式阐释，并辅以实证统计数据。

大卫·李嘉图

对后来被称为"古典"经济学所做的科学阐述中，最早且最具影响力的是**大卫·李嘉图**（David Ricardo，1772—1823）于1817年出版的《政治经济学和赋税原理》。

李嘉图将斯密的劳动价值论作为指导原则，来控制主要的经济变量，例如成本、利润、价格、就业和工资。

任何产品的真正市场价格都围绕着生产它所需要的劳动成本而上下波动，因为劳动力的供应和需求（岗位与待业人数）会发生变化。

劳动成本

在李嘉图看来，由于劳动成本决定了所有主要的经济因素，所以物品供需关系对经济没有多大影响。进一步说，贸易量不会影响经济形势，这支持了斯密的一个观点，即政府对自由贸易的干预，最终不会带来任何经济上的好处。

生产涉及三个主要角色：资本家，工人和地主。

对于李嘉图来说，地主收取不同的租金是因为不同地区的生产力不同。例如，某地区的农地可能更肥沃，或者是富含如煤炭这样的重要工业资源。

所以，一个地区的生产力越高，它的租金就越高，它的地主也越富有。另一方面，一个地区的生产力越高，它所生产的资本也越多，因此它的资本家也会更富有。

这就是我最著名的两大论断背后的基本推理。

第一原则：你的生产力越高，你就越富有。这是"古典"经济学和资本主义意识形态的基石。

然而，后来可以越来越清楚地看到，这一关于生产力的朴素信仰太过乐观了。

工人的紧箍咒

李嘉图第二原则是：劳动力注定不会变得更加昂贵。从劳动价值论可以引申出：生产和利润之所以能增长，是因为劳动力变得更便宜了。

这意味着，当社会变得更先进时，工人可以得到更多的钱，但仅仅是因为更多的钱被生产出来了。当越来越多的钱被生产出来，供应与需求之间的平衡就打破了，从而导致通货膨胀——就如钱本身贬值了。所以工资的增长率将趋同于通货膨胀率——用经济术语来讲，就是有名无实。

这无疑是对工人的紧箍咒，因为不管他们生产多少，他们的生存处境都永远不会有任何改善。

约翰·斯图亚特·密尔

李嘉图认为，对于工人来说这个悲哀的结果是个需要解决的问题。但是李嘉图从来不怀疑工业化和进步是通往更富更强的社会的唯一途径。工人能期盼的最好境况，就是充分就业，而实现充分就业，唯有通过使生产率的增长与人口增长率相匹配才可能。可是，对于古典自由主义最杰出的思想家**约翰·斯图亚特·密尔**（John Stuart Mill,1806—1873）来说，这一解决方案还不够。

> 在我的成长过程中，李嘉图是我们家的常客，因为他和功利主义学派往来密切，而它的主要成员有杰里米·边沁（Jeremy Bentham,1748—1832）和我的父亲詹姆斯·密尔（James Mill,1773—1836）。

> 将功利主义和李嘉图的经济学说结合起来，一直都是我在经济学上的目标。

功利主义

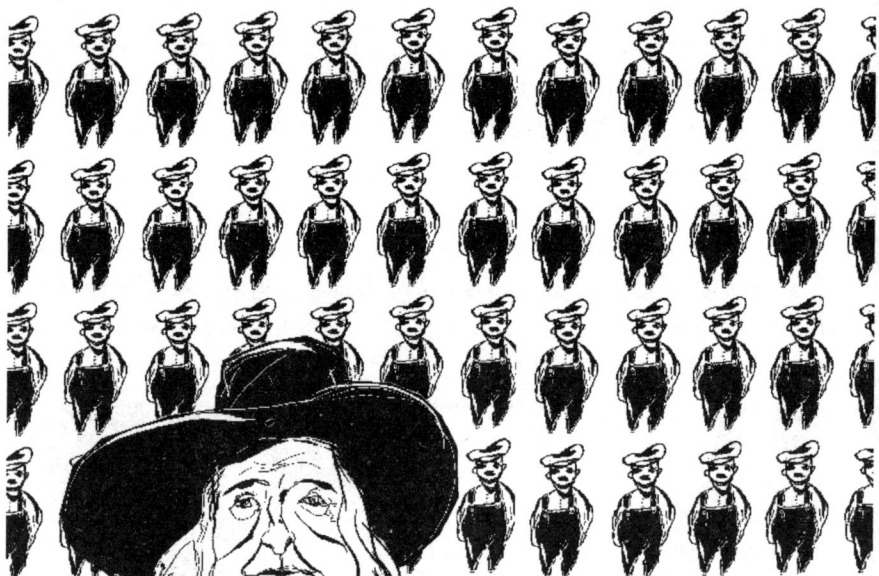

杰里米·边沁

功利主义是基于这样一条原则，即最大多数的人的最大幸福，我称之为功利原则。

依照这一原则，即将最大多数人的快乐最大化和痛苦最小化，就是在道德上和政治上都正确的事。

功利主义，是为了实证地、科学地解决伦理和政治问题而设计的"运算"，它意在为自由主义提供一个新的思考平台。因为洛克派哲学家的老的"自然权利"或"社会契约"概念，现在听来都太抽象、不科学且过时了，功利主义逐渐成为现代自由主义政治学和资本主义经济学的主导世界观。

自由的快乐

依功利主义推理，自由是一大快乐，所以法律通常被看作是"邪恶的"，或是痛苦之源。

因此立法应该控制在最小的必要的限度之内。我们应始终确保所制定的法律给我们所带来的快乐要大于它必然带来的痛苦。

这就是边沁的自由主义政治的根本，其目的是要将国家对私人事务的干预降到最低，包括经济。边沁和他的学派被认为是"激进"运动的一部分。其核心的"激进"观点之一，是每一个人都应该有投票权，包括妇女和穷人。就因为这一观点，边沁被鄙夷地嘘出了议会。他还认为，同性恋应该合法化，同性婚姻应该得到许可。但因害怕反击，他从未公开发表过这些观点。

自然法则和社会法则

依密尔看来，国家和市场是为个人服务的工具，最终是为了让所有人更快乐。这不仅要尽可能地促进经济繁荣，更要给予人们独立思考和行动的自由。

> 我区分开两种法则：自然法则和社会法则，后者是人类选择的结果，它应该着眼于每一个个体的基本自由。

在李嘉图的经济学里，自然法则支配生产。我们能够生产多少，有其自然、物质的局限。不管我们如何努力，适合耕种的土地是有限的，大海里的鱼并非捕之不尽，等等。但分配，即谁该享有商品和财富，则受社会法则支配。正是在分配这一点上，国家应该作为一个调控因子而介入。

财富的分配

　　征税是国家的主要经济工具。向谁、向什么征税，征多少税，是财富在全体人口中如何分配的一个决定性因素。密尔认为，税收是教育、医疗、法律援助和保障所有公民基本生存条件的手段。至今，这仍是自由主义经济学和政治学的一座里程碑。

　　但要相信通过进步就能使工人的境况得到显著改善，我就不得不指出李嘉图的推断的错误之处。

　　本来我只是想稍微改进李嘉图的理论，谁知结果却是改变了整个经济学的面貌……

供应和需求

只是把商品生产出来是不够的，你还得把它送到顾客那里，让他们了解它，和其他品牌竞争，等等。所以，不仅是生产劳动决定了商品的价格，销售成本也是因素之一。

密尔的取径超越了劳动价值论，延伸到取而代之的供求理论。供求理论在当今经济学仍十分盛行。**阿尔弗雷德·马歇尔**（Alfred Marshall, 1842—1924）在 1881 年出版的《经济学原理》一书中，第一次对供求理论做了详细的分析。

任何商品的价格都会趋于一个均衡点，也即购买者愿意给出的购买价格与生产者希望的售价相一致的那个点。

消费者

成本
利润

均衡价格据此摆动：

消费者开销 = 成本 + 利润

对密尔来说，在买方和卖方中，有多种因素决定着均衡价格，这些因素包括但不限于劳动。这意味着，一件商品的利润不只决定于劳动成本。

如果我们改进其他的因素，比如降低原材料或船运的成本，那么所得的部分利润就可以分给劳动者，同时资本家仍有利可得。

简而言之，当劳动者挣到更多的钱，是可以改善他们的生活的。

成

本

利润

密尔认为，这些改善应该首先通过教育、健康、公共卫生和公共交通来实现。他相信受过更好教育，更讲卫生的工人会好好运用赚得的钱。他也支持为希望就业的妇女提供公共援助。

人道的资本主义？

密尔的理论是第一个回应工业革命种种后果的自由主义理论。

我构想这样一个国家，一方面它投入公共开支使人民得到全面的发展（包括基础医疗、教育、工作条件等），另一方面它承认私人企业是为大多数人的利益服务的。

这些观点形成了"自由主义"这个大学派的两大阵营之一。两边都同意国家不应干涉私人事务，但对于国家在经济上如何实践这个理念，则意见不一。

在另一阵营中，偏向右翼的思想家强调国家不应参与经济事务，因为他们相信，不插手是最有利于发展的。

密尔继承了功利主义的传统，他展示了一种人道的资本主义，也支持个人利益，因为追求个人利益理应惠及大众——虽然，工业化令大部分人的生活处境变得非常恶劣。

　　由于对最长工时和最低工资没有法律限制，一天的工作时间长达 16 个小时，而工钱仅够糊口。虽然工会开始形成，但由于工人没有什么技能而随时可能被替换，工会能做的也就很少了。

> 在前工业化时期，大多数人都生活在乡村，以务农为生。

> 工业化之后，食物的生产变得容易，而城市催生了对劳动力的新的需求，城市也因之迅速膨胀并变得极其拥挤。

　　当时，没有哪个城市比伦敦更大更拥挤了。19 世纪，整个伦敦遍布着贫民窟，大多数的工人就挤在贫民窟的小房间里。

查尔斯·狄更斯
（1812—1870）

贫民区的生活

很多贫民窟都建在泰晤士河涨潮时的水位线以下。这意味着，这些贫民窟就像一座每天冲水两次的天然抽水马桶。1841 年，一场霍乱毫不意外地在伦敦爆发。但是直到 1858 年"大恶臭"浓重的臭味几乎令议会停摆后，修建污水处理系统才被严肃地提上日程。与此同时，空气因工厂烧煤而日益污染，烟雾笼罩。

工人阶级的儿童死亡率高达 80%。

成人的寿命如此之短，我们这些幸存下来的也大多成了孤儿。

慈善家资助的孤儿基金和为病童而设的医院于 1852 年成立，但它们能改善的不多。

查尔斯·狄更斯、维克多·雨果以及其他人的著作中都描述了工人阶级的悲惨命运。

大饥荒

整个工业化世界的情况都差不多。在爱尔兰，1845—1850 年的大饥荒因英国政府坚持以不插手的方式管理经济而愈加恶化。结果在大饥荒期间，爱尔兰本土尽管哀鸿遍野，却是粮食净出口国。爱尔兰的人口因此减少了 20%—25%，几乎每四个人里，就有一个死去，或是远走他乡。

我们并非没有采取措施帮助爱尔兰人啊，例如出台了济贫法，进口粮食，等等。

但现实是，我们都穷得买不起粮食了，粮食却从爱尔兰运到英国，只因可以卖得更好的价钱。

改良运动

密尔发现，他所提出的应对方案只说服了议会的小部分人。1867 年《改革法案》之前，议会所代表的主要是贵族和富人阶级的利益。眼见政府对广大人民的请愿装聋作哑，各种改革和抗议运动在议会之外不断涌现。其中，最早的一个由**罗伯特·欧文**（Robert Owen，1771—1858）领导。他白手起家，靠纺织工业发家致富。

1799 年，我在格拉斯哥附近买下了一个叫"新拉纳克"的磨坊。卖家已经为他的工人建造了一个有儿童看护和医疗服务等设施的小村子。

只有答应让他的工人继续享受同样的待遇，他才肯卖掉磨坊。

欧文不但认真履诺，甚至还进一步改善工人境况，特别是，他为孩子们建了一所学校，这意味着他们不必再当童工了。

渐渐地，我构想将"新拉纳克"作为各行各业应该采用的范本——在主要的工厂附近配套工人居住的社区，工人的所有需求都应被视作工作条件的一部分。

欧文有时被认为是社会主义的创始人。但事实上，他所提供的只是一种有良知的资本主义，他也从不支持把政治权利给予工人阶级。有一段时间，他对逐渐发展起来的工会发生兴趣，但他的工人社区在他去世后便很快瓦解了。

英国宪章运动者

　　尽管如此，欧文的思想的确产生了长远的影响，影响了英国宪章运动——这可能是争取妇女选举权运动之前英国最伟大的改革运动。宪章运动者是一个松散的同盟，他们的成员有新兴的工人阶层、工匠和一些中产阶级职业人士。他们有着许多不同的有时甚至相互冲突的利益，但他们团结起来支持激进派下院议员**威廉·洛维特**（William Lovett，1800—1877）起草的《人民宪章》。

我1838年起草了《宪章》，我们宪章运动者之名也是因此而来。宪章呼吁：每一个年满21岁的男子都应享有普选权（亦即选举议会与被选举的权利）；下院议员也应享有薪水；议会年度改选，选举投票不记名进行。

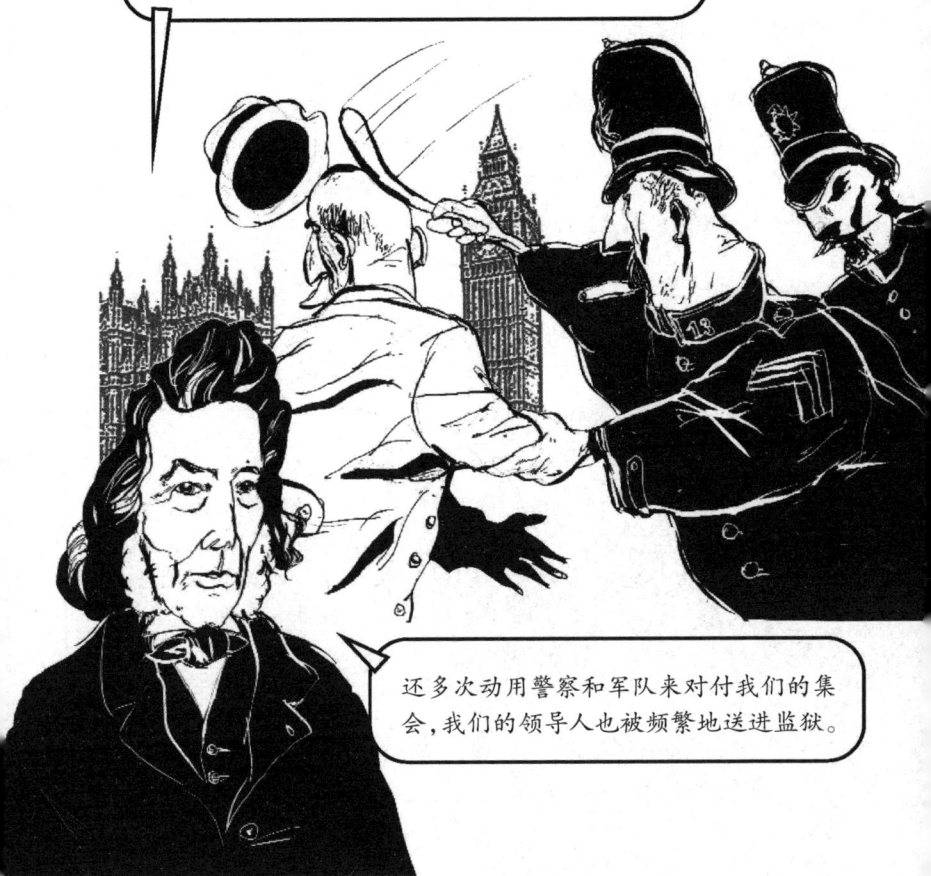

虽然在1839—1848年间，我们多次向议会提交请愿书，其中一次联署人数多达三百万，但议会不但拒绝听取我们的诉求……

还多次动用警察和军队来对付我们的集会，我们的领导人也被频繁地送进监狱。

　　1848年，在第三次请愿被国会无视后，这场运动迅速走下坡路。但它的薪火被越来越多的议员传递，尤其是1859年自由党正式成立后。保守党为避免彻底失去权力，在1867年《改革法案》中最终接受了宪章运动者的几乎所有要求。

社会主义的诞生

然而，到《改革法案》颁布时，欧洲资本主义遇到了一个更大的挑战——社会主义。社会主义要求的主要是更平等的政治权利和财产分配，它成功地在工人阶级中获得不少支持。

克劳德·昂利·圣西门（Claude-Henri de Saint-Simon,1760—1825）和**米哈伊尔·巴枯宁**（Mikhail Bakunin，1814—1876）应该算是早期社会主义最有影响力的两位思想家。和许多社会主义领导人一样，圣西门出身于贵族家庭，但他是革命思想的坚定支持者。

我的主要兴趣在于以一种新的、理性的方式重新组织社会。

我的设想是一个由能干的办事员和专家运作的国际联盟，为社会、工业和福利事业服务。

圣西门本人基本算不上是社会主义者，虽然他支持某种形式的精英主义。

$$\frac{3}{5} = 4\sqrt[3]{3}$$
$$\sqrt{3} (4X)$$
$$4 = 5\sqrt[3]{6}$$
$$(\frac{1}{2} + X)$$

工业应该由专家而非不够资格的富人来经营。

科学家将代替神职人员和神学家，成为一个致力于高效、专业和勤奋的社会的道德支柱。

实际上，真正使圣西门闻名的是他吸引和聚集同时代伟大思想家的能力。他的学生将圣西门主义学派发展成法国主要的社会主义运动。

控制生产资料

> 除了我信奉的精英主义，即一个人的社会地位和财富应完全取决于其技艺、才能和学问，圣西门主义者还支持废除私有财产以及由此衍生的现代国家。

圣西门主义强调对生产资料的社会控制——社会主义的一个重要方面。社会主义主张一种它认为更合理的分配方式——顾及大多数人的利益，而不是单个群体的私利，这和自由主义资本家的看法截然相反；在后者看来，私有制带来最合理的市场。

巴枯宁和无政府主义

另一方面，巴枯宁代表了对社会主义更具革命性的关怀，以及对国家和控制的完全不信任。他认为，国家和政府只是剥削工人阶级的工具。因此，工人根本不应该谋求政治权利，相反应致力于废除国家，因为只要国家继续存在，就只会被统治阶级利用来压制他们。巴枯宁因此不但是社会主义的创始人之一，亦是无政府主义的开创者之一。

工人必须凝聚成一股革命力量，致力于彻底废除所有的国家权力。

生产资料不再属于任何特定的人，而工作和休闲之间的差别也应该被消除。

生产资料应该对所有人开放，用来生产他们想生产的任何东西。届时，生产就如去娱乐园一样快乐。

反乌托邦的马克思

然而，这些思想家和其他早期的社会主义者都被**卡尔·马克思**（Karl Marx, 1818—1883）超越了；这位思想家的名字几乎成了极端社会主义的代名词。

我将所有在我之前的社会主义者称为"乌托邦社会主义者"，他们想象了一个公平的社会，然后号召人们去实现它。

他们的想法并不是基于社会理论及支配社会的规律，而且他们不知道要以怎样的步骤去实现他们构想的社会。

马克思还说，他们不知道资本主义是如何运作、如何产生的，又必将走向哪里。他们仍然停留在那些社会契约论者——如霍布斯、洛克——的过时的框架里，幻想着人们可以按照自己的想法来设计社会。

马克思和黑格尔

而马克思呢，则以成熟的想法展现了一个关于社会、经济以及形塑它们的历史力量的完整理论。他对经济学理论有深刻的理解，并能解释资本主义本身的结构如何不可避免地导致其瓦解。他称自己的观点为"科学社会主义"，即作为科学结论的社会主义。

他为此所采用的理论框架很大程度上来自于**黑格尔**（Georg Wilhelm Friedrich Hegel，1770—1831）的哲学。

> 18世纪启蒙运动思想缺失的主要是对历史恰当的理解。

化解矛盾

我使用"历史"一词，并不是指过去发生的事件，而是指每件事物达至成熟所必经的进化过程。

就如我们描述一个东西是原始的而另一个是现代的一样，其背后是同一个道理。

黑格尔所描述的历史依照其自身的规则向前发展。具体来说，当意识形态间的矛盾解决时，历史就前进了。对黑格尔来说，这一进化路径是先在的，并不取决于人的选择。

正题—反题—合题

　　举例来说，思考一下以下命题：整体的利益 VS. 个人的自由。这是两个对立的观念，在历史上就曾以霍布斯的"利维坦"与洛克的自由权利之对立的形式出现，最终，这两种观念的历史斗争将会得到解决。

> 黑格尔的取径是辩证的。

> 这意味着，黑格尔体系里的基本因素是两个对立的概念，一个叫正题，一个叫反题，这两者的历史斗争必然会达至解决，亦即两者的合题。

　　这一合题义变成一个相互对立的新的正题和新的反题，历史由此便继续发展下去。

历史的终结？

最终，所有的矛盾都汇成最高合题，到达"历史的终结"。这个最高的合题，再没有反题，历史进程到此终结。

> 黑格尔认为，他的关于解决国家和公民社会之间矛盾的理论提供了这个合题。

> 国家负责共同价值观和国家认同，而公民社会则负责经济需求。

大体上，黑格尔视自己的理论为最高合题。具体说来，他认为历史结束于 1806 年的耶拿战争，而他那个时代的普鲁士王国是理性的最终实现，以及一个充分实现了的国家。许多人都觉得很难同意黑格尔的这个论断，但不管怎样，其思想的主体框架被广泛采纳。

历史唯物主义

马克思宣称，他已经"反转"了黑格尔的理论。为代替黑格尔的**历史唯心主义**（Historical Idealism），马克思创造了**历史唯物主义**（Historical Materialism）。和黑格尔一样，马克思认为，推动历史前进的是一种内在的辩证关系，而矛盾是其动力。但对马克思来说，这种辩证关系并不是理性或意识形态的产物，而是来自于物质需求的满足。

令人们产生分歧的并非个人自由或大众利益这样的抽象问题。

人们首要考虑的，是如何维持或提高他们的物质生活水平。

所以主要的斗争和社会矛盾并不发生在不同意识形态之间，而是在阶级之间。阶级，指的是与生产资料有共同关系的社会群体。

阶级斗争的历史

对马克思来说，文化和文明的不同形态是特定的阶级结构的产物，它们被设计来支持、合理化和保护这一结构。所以社会是围绕某一特定的统治阶级——即当时占有主要生产资料的阶级——而建立起来的。《共产党宣言》(1848)正是基于这些观点：

举例来说，古希腊和古罗马实行的是一种奴隶经济。奴隶是主要的生产资料，而奴隶主是统治阶级。按照马克思的说法，他们的文化——政治、伦理、艺术、哲学——都反映了这一事实。

比如，他们认为公民身份是人的一种自然属性。不具备他们的公民身份的人被认为本质上是异类。那些不与他们同享政治和文化的人，甚至不被认为是完全的人类，因此，奴役他们也没有什么错。

随着生产资料的增加，权力也渐渐发生转移。这一转移，使某从属阶级的权力增多了。

它不断变强，直至获得足够的力量推翻控制它的政权。然后，整个文明要么被彻底摧毁，要么被彻底变革。

这就是资产阶级、工厂主和商人如何随着美洲、非洲和远东的新兴贸易逐渐发展壮大，最终他们推翻了封建社会，并按他们的愿景创造了现代资本主义世界的。

自由贸易、自然权利，以及对人之作为竞争个体且彼此间仅负有契约义务的描述——所有这些都是资本主义的意识形态工具。

同样，对马克思来说，自由民主政治只是一个工具而已，它将政治与资本无力地联系在一起。因为无论何时，在平等的条件下进行经济竞争时，拥有最多钱的人几乎是赢定了的。

资本论

马克思思想最成熟的体现是他的长篇巨著《资本论》（1867—1894）。他从 19 世纪 50 年代中期开始写这本书，并在死后由他最亲密的朋友和同事**弗里德里希·恩格斯**（Friedrich Engels,1820—1895）完成。在这本著作里，马克思为了经济分析而放弃了哲学。

《资本论》一书展现的是对资本主义运作的详细分析，显示了它必定先是在全球扩展，而后又不可避免地自取灭亡。

跟所有这个时代的经济著作一样，它的基础是劳动价值论。

价值 = 人类劳动

　　但马克思将劳动价值论推到了极致。对自由主义经济学者来说，劳动价值论是分析商品价格涨落的指导原则，而马克思则认为，劳动价值论指的是所有价值表现的都是人类劳动。所以，一件商品的价值就是生产它所需要的人类劳动的总和。

因此，统治阶级获得利润的唯一方式就是将这些价值的一部分占为己有。

价值

侵占由其他人劳动生产的价值，我称之为"剥削"。

所以我们可以说，所有出自于那些不占有生产资料的工人阶级的利润，都是基于剥削而来的。

在这种情况下，工人和资本家都并不真正关心他们制造的产品——产品的价值完全被他们所挣的钱所代替。结果是，工人与他们的劳作越来越疏离，我把这种现象称为"异化"。

　　工人以劳动换得的实际工资，只够让他们勉强生存下来以便继续被剥削，以及供他们养育孩子以在未来被剥削。更有技术、更不可替代的工人或许可挣得较高的生活水平，但仅仅因为比起那些没有什么技术的劳动者，他们对雇主来说有更大的价值。绝大部分生产价值总是作为利润被统治阶级拿走，因为他们占有生产资料。

剩余价值

对那些在生存所需之上所生产的物品，马克思称为"剩余价值"。

剩余价值等同于自由时间——这个时间不是用以生产生存所必需的物资，而是用于休息、娱乐和文化生产上。

在资本主义时代，剩余价值被转化为资本——这是资本主义体制的整个基础。工人阶级成为无产阶级，在自由市场上出卖自己的劳动。

所以按照马克思的说法，资本家实实在在地掠夺了无产阶级的自由、文化和他们根本的人类特性，然后强迫他们无休止地工作，仅仅为了获取基本的生存条件。

按照马克思的说法，这就是资本主义的真实面目。事实上，这是资产阶级为了获得权力，即彻底改变生产资料，重塑社会以创造维持其权力的条件而做的那些必须做的事情的结果。无产阶级只需要跟着它的这些压迫者照葫芦画瓢即可。

马克思的预言

与所流行的看法相反的是，马克思并没有预言他所深深认同的共产主义国家的建立。相反，他倒是预言了资本主义将在许多领域取得彻底成功。

首先，资本主义将扩张到全世界，并打败所有与之竞争的经济体制。

其次，它将使科技进步达到一个前所未有的高度。

这两大进步最终使满足全人类的需求首次变得可能。

每一个人都能够得到他们想要的每一件东西，因此也再没有划分阶级的真正需要了，资本主义注定为真正的"历史终结"创造必需的条件。在"历史的终结"处，所有的矛盾都不存在了。

不过，为了实现历史的终结，资本主义必须首先瓦解，让位给真正的共产主义。根据马克思的说法，由于资本主义的内部运作规律，这个结果必然会发生。

资本主义追求不断增长的利润，这一点跟封建主义不一样。封建主义只要维持一个稳定的经济体系就可以了，但资本主义必须不断增长。

上一年的利润是这一年的投资资本。只有当你想获得更多资本的时候你才会去投资。

增加利润的方法有三种：扩大市场，加大剥削，改进技术降低生产成本。因此，资本主义不得不扩展到全世界、改善技术并最大限度地剥削工人。

但所有这些利润的来源终将枯竭。

世界只有这么大，工资最多只能压低这么多，生产效率的提高和生产成本的降低也都是有限度的。

　　因此，随着时间的推移，获利将会变得越来越困难，而经济则趋向于稳定。在这些情况下，中产阶级注定会消失，成为无产阶级的一部分。资本将越来越集中在少数极其富有的资本家手中，而其他的人则越来越贫困。

这个情况继续发展下去，最终危机将无法避免。届时，大部分人都将很难生存下去，无产阶级的阶级意识逐渐增长。全球无产阶级革命终将爆发。

从根本上说，资本主义就是用它的巨大成功在不断地为自己挖掘坟墓。

没有帝国主义的资本主义

马克思认为，资本主义不断扩张、寻找新市场和更廉价劳动力的本性，是 19 世纪欧洲帝国主义背后的驱动力。

亨利·福特
（1863—1947）

他认为帝国主义这一野蛮形式是资本主义经济的一部分。

但 20 世纪的资本主义扩张并没有伴随着传统的帝国建构，这证明马克思的这部分预言恐怕是错了。

但未伴随某种形式的帝国主义的资本主义，实际上只是新近的发展状态。第一次世界大战结束之前，它都没有被认真地予以考虑。直到第二次世界大战之后，它才在全球范围内落实。此时，欧洲国家对世界的统治权已经输给了美国和苏联。

随着 19 世纪末大公司的到来，帝国主义从资本主义中分离出来。

资本主义再一次显示出由后发者推动发展的倾向，即那些在物色新的赚钱机会的后发者。

美国和德国的崛起

等美国强大到可以加入帝国主义土地掠夺的时候，剩下的领土已经很少了。除了波多黎各和夏威夷的小岛，接手西班牙在菲律宾的最后一块殖民地，以及逼迫日本开放贸易之外，美国基本上无所作为。

虽然没剩下什么唾手可得的东西，但这也无法阻挡美国拥有世界上增长最快的工业。

德国在 1871 年才成为一个统一的国家，但它很快就成为欧洲最强的工业力量。

德国竭尽所能在非洲、中国和太平洋地区占领瓜分剩下的那么一点地方，以建立一个小帝国，却没想到在第一次世界大战之后全部输给了英国。

所有这些都表明，到 19 世纪晚期，成为最大
的帝国并不一定就拥有最大的经济体。

这是大巨头时代，这些巨头
将工业带向新的方向，并塑造了
当今世界。

美国电信公司 AT & T、戴姆勒－奔驰
牌汽车、可口可乐、Levis 牌牛仔裤，
三菱和其他大公司都诞生于这个时期，
还有洛克菲勒和壳牌的石油帝国。

所有这些大公司的国际
规模，都得益于亨利·福特
独创的巧妙而应用广泛的流
水生产线。

生产线

将没有什么技能的工人排成一列,训练他们做某种单一工作,例如给汽车焊接车门。然后,只要按正确的次序把他们排列起来,你就能得到一辆汽车。

每一天,不只是一辆汽车,而是成百上千辆汽车。

重新安排并教给他们其他技能,你就可以生产任何东西,从软饮的瓶子到战舰。

其生产力之高,早期的工业家简直连做梦都想不到。还有,它让每一件商品的成本比之前用任何一种生产方式生产的都低得多。所以,突然之间,中产阶级能买得起汽车、电话、家电以及每一件你要出售的东西。

"贸易帝国"

把东西卖给中产阶级打开了一个巨大的潜在市场，也将贸易差额从殖民地转到国内更富有的消费者。

在美国、德国以及后来的日本，新的公司"贸易帝国"建立在当地的消费力上。世界经济逐渐转向以高度工业化国家之间的贸易为主体。

第一次世界大战前后，工业化和发展水平飞速提高。马克思关于资本主义危机的观点似乎并没有变为现实，甚至俄罗斯或其他地方的布尔什维克革命也无法改变这一状况。

如果说有什么改变的话，那就是战争进一步加速了增长，因为每一个国家的经济都开足马力以满足军事供给。

战争让妇女第一次全体进入职场，也为技术创新提供了动力，尤其是航空和通讯领域。

基钦纳勋爵
（Lord Kitchener）
（1850—1916）

　　在美国尤其可以感受得到这一增长。美国参与战争的时间相对较短，且战场都远离本土。美国军队的规模从 1917 年初的约二十万人增至近四百万人。到战争结束时，美国已经是世界上最强大的国家。

咆哮的二十年代

战争结束时，欧洲列强的经济已疲惫不堪，而美国的经济却以一种前所未有的速度持续增长。推动这一增长的，是美国强大的工业生产能力，以及它作为世界银行的新地位。美国经济的增长是如此的迅速，以致这一时期被称为"咆哮的二十年代"。

> 从 1923 年到 1929 年，美国实际总收入增长了 20%。与此同时，生产力提高了 32%。

> 然而，正如马克思预言的那样，所有的新财富都集中在极少数人手里。

据统计，在 1929 年，0.1% 的人控制了这个国家 34% 的财富，他们拥有的钱相当于底层 42% 的人口财富的总和。整个 20 世纪 20 年代，公司的利润增长了 62%，最顶端的公司的收入几乎翻倍，但工人的平均收入却只增长了 9%。

保守的柯立芝政府在 1926 年将富人应纳的税削减了三分之一，使得情况更加恶化。

最高法院亦然，它在 1923 年判定《最低工资法》违宪。

因相信富人的天堂万古长存，证券市场的投机买卖被炒上了天。推动这一热潮的是银行，当时银行受到的管控远不及今天。

大崩盘与经济大萧条

　　但这么多的钱集中在这么少的人手里，意味着工业供应远远高于需求，于是利润逐渐下滑。

> 少数的大投资者意识到，市场已无法提供他们预期的利润水平。

> 这些大投资者一开始撤离，股市就迅速崩盘了。

　　由于不到两百家的公司占有了这个国家近半数的公司财富，股市崩盘迅速导致银行系统的崩溃——而银行系统是资本主义经济的命根。

证券市场的崩溃冲击了本来就已失衡的美国经济，再加上一些下意识实行的贸易保护主义法限制了贸易，最终引发了经济大萧条。由于没有牢靠的储蓄和社会保险制度，失业率上升造成的影响就更坏了。而且，由于当时欧洲的经济依赖于美国，大萧条蔓延至大西洋彼岸，进而波及全球。

然而，资本主义还是受到了极大的动摇。尽管为了尽早结束大萧条，全世界的经济学家和政治家用了九牛二虎之力，但还是无济于事。

新政

在美国，大萧条时代结束了长达十年的不干预的保守主义规则，而主张政府对经济应有更多干预的**富兰克林·罗斯福**（Franklin D. Roosevelt, 1882—1945）开始执政。利用公共开支，罗斯福采取了一系列措施让经济复苏，这一系列措施被称为"新政"。

新政主要有三个方面：管控金融市场，规范劳动市场，增加公共工程。

Work Pays America!

PROSPERITY

ADMINISTRATION

工会的力量加强了，最低工资计划和养老金计划得以推行。

数十亿美元被投入到公共工程的建设上，如铺设道路、修建铁轨、修复自然公园和海滩。同时，严格控制银行和股份股票交易。

凯恩斯和自由主义经济学

新政背后的经济学理论是由**约翰·梅纳德·凯恩斯**（John Maynard Keynes, 1883—1946）提出的。凯恩斯被称为"现代自由主义经济学之父"。迄今，他的观点仍然是自由民主经济政策的基调。

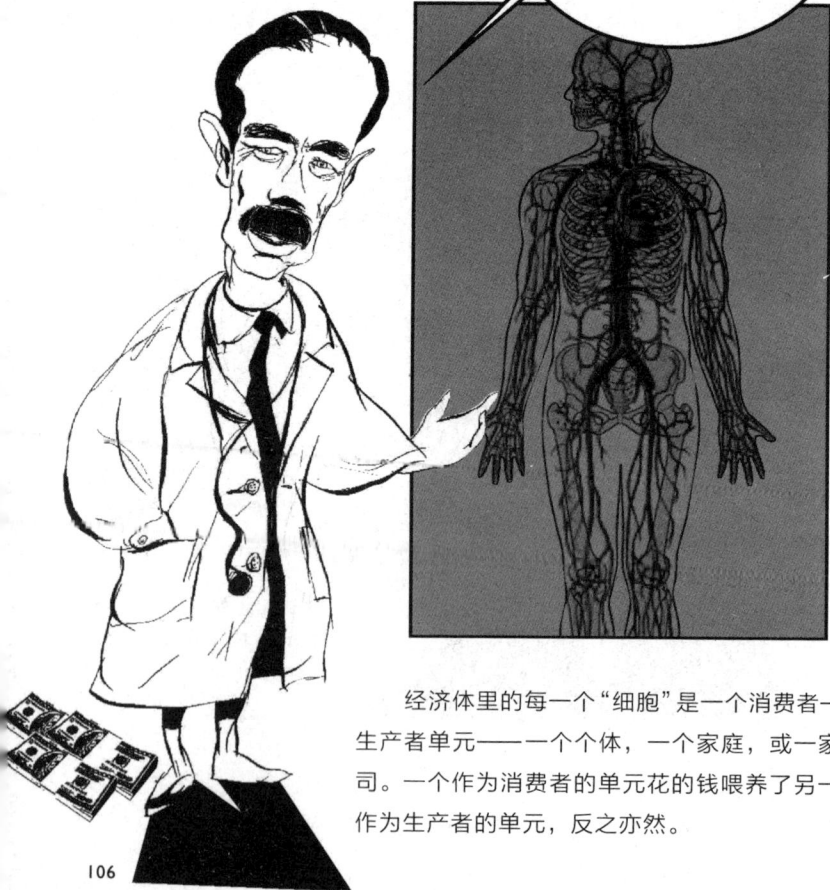

经济体里的每一个"细胞"是一个消费者——生产者单元——一个个体，一个家庭，或一家公司。一个作为消费者的单元花的钱喂养了另一个作为生产者的单元，反之亦然。

良性流通

凯恩斯说，当经济单元开始累积金钱而不是让它流通时，经济衰退就出现了。例如，当大多数的钱积攒在极少数的人手里时，又或者，当投资者出于对未来的警惕决定把钱存起来而不是用来投资时。

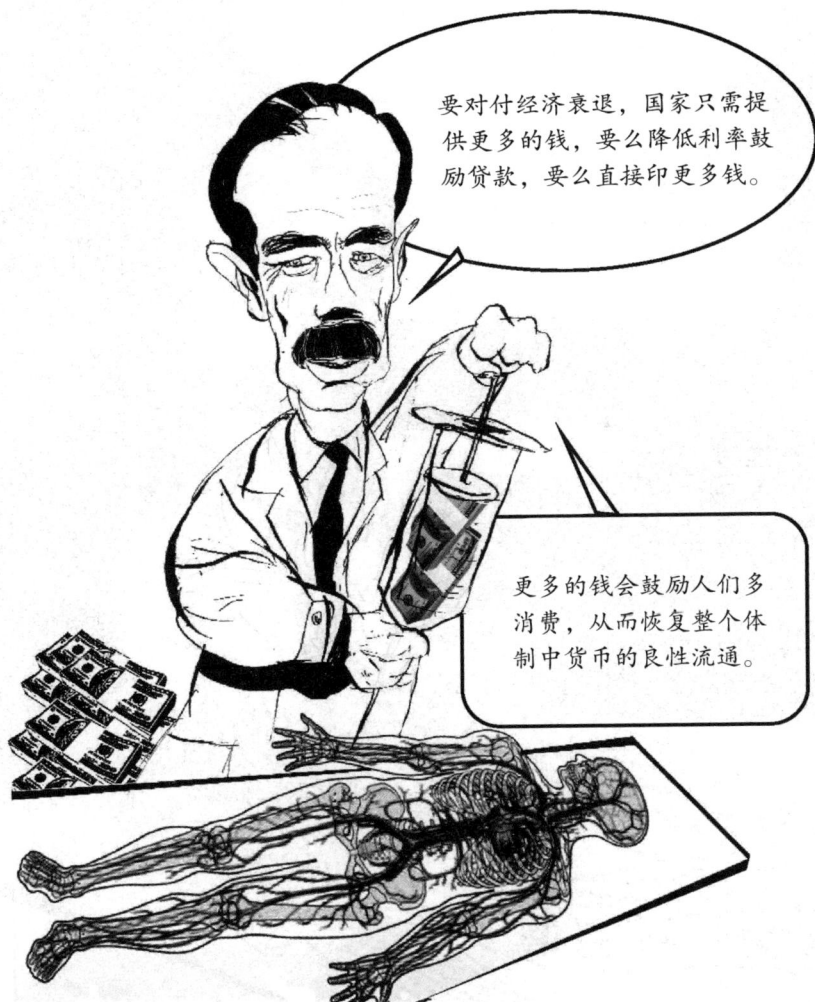

要对付经济衰退，国家只需提供更多的钱，要么降低利率鼓励贷款，要么直接印更多钱。

更多的钱会鼓励人们多消费，从而恢复整个体制中货币的良性流通。

当公众因为某些原因（如证券市场崩盘）而对经济完全失去信心、同时流入市场的钱又不足以鼓励消费时，经济萧条就会发生。以解剖学打个比方，这类似于心脏停搏。

摆脱经济萧条的唯一方法，是国家介入去做公众拒绝做的事——例如花钱，就像做人工脉冲那样。

所以政府得委托项目，资助公共事务，并限定工作条件和设立最低工资，令货币再次流动起来。

资本主义的周期

　　基于工业国家的消费者，凯恩斯提出了第一个成熟的经济理论。按照这一理论，经济要繁荣，就需持续保持高消费。因此，它是消费文化的支柱。

　　凯恩斯说，如果不加遏制，资本主义市场就会不可避免地落入增长—衰退的循环里。虽然不会出现马克思所设想的决定性的体制的失控，但也不可能实现持续增长。

> 阶段性增长最终会引起"过热"，例如，过度投资、对利润的过高期待。

> 这将导致衰退以令经济"降温"，有时会一直降温至"过度冷却"，于是就变成经济萧条。

控制通货膨胀

通货膨胀是市场过热的标志，国家应当通过减少货币量以应对。减少货币量可通过提高利率来实现，以此让更多的钱回流到银行，在降低投资者贷款意愿的同时鼓励储蓄。

国家是一个非常关键的经济机制，它应尽可能地减少市场的波动。

主要负责这一功能的国家机构是国家银行。通过控制利率和印钞票，它可以调控市场的货币流通量。

抗击大萧条

最初，罗斯福拒绝接受凯恩斯的观点，认为他的解释实在太简单了。但最后，只有公共开支对局面有所帮助。整个20世纪30年代，公共开支都在增加，直到美国加入第二次世界大战时才结束。

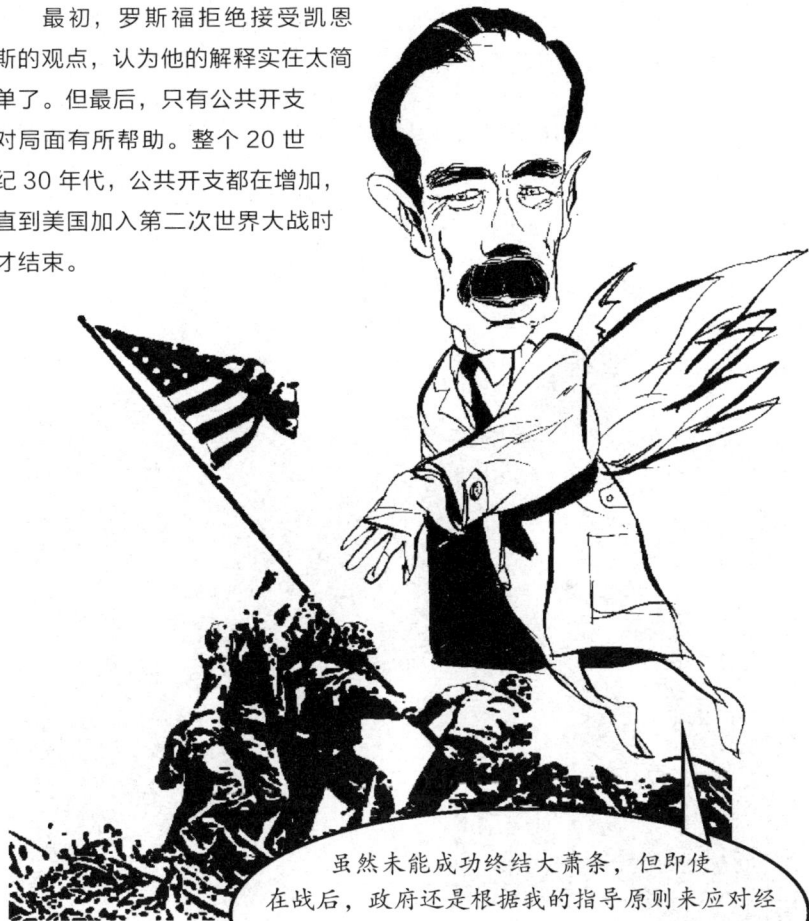

虽然未能成功终结大萧条，但即使在战后，政府还是根据我的指导原则来应对经济衰退，甚至连共和党政府也是，而这些经济衰退全都没有发展成经济萧条。

但到底凯恩斯的观点和罗斯福的政策是否真的起了作用，仍属见仁见智。新政可能帮了人们一把，但直到20世纪40年代，美国才真正从大萧条中复苏，其直接原因是第二次世界大战。之后，冷战和军备竞赛的开销可能对防止经济萧条起到了作用。

国家资本主义

与此同时，远东和欧洲很多地方采取了一种不一样的资本主义制度来应对大萧条：国家调控的资本主义。

国家资本主义将国家资助项目和国家对市场的调控，与私有制和营利结合在一起。

国家资本主义常常与强政府相伴相生，因为政府管制了绝大多数的生产、就业和工资等要素。但是，工厂仍属私人所有，仍以利润最大化为目的。

事实上，在国家资本主义中，强政府和私人企业紧密合作。

国家资本主义可以强制调控并因此生成大量劳动力，特别是当我们的资本家不愿意投资的时候。

它将私人经济利益和作为一个整体的国家的宏观上的需求结合起来。

当经济形势不妙，而其他市场在私人投资者看来更有吸引力时，它可以起到刺激本土投资的作用。

事实证明，就发展经济、摆脱萧条来说，国家资本主义可以比自由资本主义更有效。

"经济奇迹"

在中国最后的帝制时期，其经济彻底崩溃。国民党领袖**蒋介石**（1887—1975）在1928—1949年间采取了国家资本主义这一新方案，将经济恢复得相对有序（考虑到他不但要应对国内问题，从1931年起还要应对日本侵略）。

我以有技能的专业人才代替旧官僚，并使工业的运作方式更加精简有效。

我还引导实施有利于国家整体发展的项目。

甚至今天，中国日益强化的类似于国家资本主义的经济结构，也带来了经济的快速增长。此外，蒋介石在1949年将其政策带到了台湾地区，也制造了"经济奇迹"。以类似的方法实现"奇迹"的还有新加坡、韩国以及第二次世界大战之前的德国。

马歇尔计划

第二次世界大战之后，欧洲的大部分国家以及中国、韩国和日本都垮了。美国是唯一一个有实力帮助它们重建的经济体——如果它们没有被隔绝在"冷战"的"铁幕"后面的话。1947年，美国**乔治·马歇尔将军**（General George Marshall,1880—1959）制定了马歇尔计划以复苏欧洲。

雪上加霜的是，那个冬天特别艰难，西欧国家，尤其是德国，正陷入一场人道主义危机。

共产主义国家应对得比我们好，起码在解决所有人基本的温饱问题上。因此，我们看到了共产主义向西推进的可能。

马歇尔计划忠实于凯恩斯的流通理念，向欧洲提供了 130 亿美元的援助，条件是收受国需加入开放市场。马歇尔计划有双重目的：一是让欧洲重新立足，二是抵制苏联的扩张。

130 亿美元中，约 90% 用于需要收受国的对应基金。

这些钱后来大部分花在购买美国的商品上。

剩下的 10%，是美国政府提供的贷款，需连本带利偿还的。

通过将 130 亿美元间接地投资到自己的经济里，美国政府挣回超过 260 亿美元。

在这个过程中，西欧恢复了元气，令更多的美国资金来回流动。

> 这完全是凯恩斯主义在起作用。20世纪60年代以后，共产主义阵营没法和这种增长水平相竞争。

可是，对欧洲来说，这意味着它对世界统治的结束。在接下来的20年里，战争中幸存下来的帝国逐渐瓦解。在长达45年的时间里，欧洲都只是给华盛顿或莫斯科打下手。直到晚近，它才开始重新作为一支世界力量崛起。

货币主义与凯恩斯主义

美国政府仍大致上忠实于凯恩斯经济理论。连强硬的共和党人，如里根（Ronald Reagan），也将公共开支维持在高水平，虽然大部分是用在对外援助或者军事项目上，例如"星球大战"计划。在这段时期里，美国虽然出现过多次经济衰退，但都没有演变成大萧条。

尽管如此，凯恩斯主义并没有被普遍接受。经济学家如美国的**米尔顿·弗里德曼**（Milton Friedman,1912—2006）开始质疑政府干预经济的重要性，除了在极端萧条这种特殊的情形下。

我的货币主义理论呼吁回归到"货币中性"和自由贸易的古典理念中去。

毕竟，主要的经济因素——比如通货膨胀、失业和增长——都将趋于达到自然的平衡。从长远来看，干预这种平衡是无效的。

货币主义者的观点基于一个观察，即如果所有的价格都相应调整，增加流通货币也改变不了什么——比如说，你挣多一倍的钱，但所有东西都涨了一倍的价，那你的处境是完全一样的。所以，如果国家银行增加市场流通的货币量，从长远来看，商人会据此调整他们的定价，如此一来，对经济并不会产生什么影响。

因为商人的天性是以尽可能少的投入赚取同样的实际收入。如果更多的钱被投入到体系中，那么他们就会相应地提高价格。

这意味着，如果我们看到失业率由于市场流通货币的增加而短期下降，那不过是因为市场还没有开始自我调整而已。

迟早，商界会知道国家银行是怎样应对的，并据此做出合适的调整。自 20 世纪 80 年代末以来，货币主义的一些大体概念已经成为西方国家中央银行的普遍取径。

这个理论的一个推论是，期待失业率降低到 6% 以下是不切实际的。此时国家银行应该不再做什么，只应该根据经济增长速率来增发货币。

对弗里德曼来说，这就是应对大萧条时失当之处。美国联邦储备委员会（the Federal Reserve）未对此做出干预，而它的不作为引发了一场银行业危机。

联邦储备委员会的不干预有效地减少了流通货币量，但人们的处境实际上变得更加糟糕，因为物价控制使得物价一直人为虚高。

结果是，人们可用于投资从而摆脱华尔街崩盘带来的低迷的资金少了。结果我们要面对的是大萧条，而不只是经济衰退。

受弗里德曼启发而制定的政策，在改善经济困境方面取得过一定的成绩。比如，在（公认凶残的）皮诺切特将军独裁时期的智利。

如何保证消费的增长?

　　对公共开支应该设置什么限度,仍是当今资本主义思想界的主要论争之一。这一论争成了右翼和左翼两大政治思想阵营的大致分野。尽管如此,即使是弗里德曼也在晚年时承认他不是旧时的货币主义者。

> 说到底,货币主义和凯恩斯主义的不同,只是在如何令稳定的经济增长最大化的看法上的不同。

> 这两种经济政策的驱动力和结果都是:更多的消费。

　　几乎可以肯定的是,如果没有消费的增长,全球经济就会停滞不前。

发达国家的经济随着消费的增长而改变。许多旧的制造行业已经转移到劳动力更廉价的地方，而服务业则成长起来。这些经济体通常被描述为后工业经济。

第二次世界大战结束以来，消费水平增长到一个前所未有的高度，尤其是在美国。

消费的增长加上制造业的迁移，造就了全球化。

这其实意味着美国的消费者已经成了世界上最重要的经济引擎之一。

资本主义的文化效应

但这些却成了经济上的担忧，而资本主义在其文化影响方面所招致的批评，一点也不比经济方面的少。甚至在资本主义真正开始之前，亚当·斯密就提出免费教育的必要性，以防止一直做重复工作的专业人员变得太蠢钝。自那以后，批评家就审视一切，从工业革命对环境的影响，到鼓励人们不断花钱的消费文化。

也许并不奇怪的是，关于资本主义社会影响的最重要的批评家之一，就是马克思。

基于他有关社会结构之经济基础的观点，马克思提出了对资本主义各种社会机制如何维护资产阶级的价值及权力结构的批评。

马克斯·韦伯和新教精神

　　虽然**马克斯·韦伯**（Max Weber,1864—1920）不接受马克思的某些主要假设，但他还是受到马克思的影响，在 20 世纪的第一个十年里，展开了他对资本主义的社会批评。

我认为，马克思说经济决定了文化和智识观念的观点是错误的。

我特别指出，资本主义只在新教国家发展起来，并推论，资本主义实际上是新教精神的产物。

　　在《新教伦理与资本主义精神》（1905）一书中，韦伯写道，资本主义之所以没有在意大利或西班牙之类的国家发展起来是有原因的——尽管意大利产生了第一个显著的商人阶层，而西班牙是第一个帝国，其原因在于他们的天主教信仰，而不仅仅是经济的物质条件。

天主教和新教伦理

在天主教教义里，富裕是一种被"容忍"的罪。

由于教会自身极其富有，所以那些过分强调《福音书》中耶稣有关富人论述的宗教抗争都受到了压制。

但另一方面，富有亦从未不被视为什么值得公开骄傲的事情。如果你一生致力于财富，你会为人所不齿。

但在加尔文教徒和清教徒的新教伦理中，情况则完全相反。积蓄钱财并合理投资，几乎被看成是一种宗教责任，是在生活各方面克制而理性的总体宗教实践的一部分。

在天主教国家，你可以将鲜红色的天鹅绒披在身上，但假如你骄傲于自己的富有，那可就是错的了。如果你单凭经商致富而没有任何政治权力，那你还是得有自知之明。

> 在新教国家，招摇炫富被认为是不对的（所以应穿朴素的套装），但从商并取得经济上的成功绝对是值得骄傲的事情。

资本主义的崛起，按照韦伯的说法，是将社会存在**理性化**的新教总体构想的一部分。这一构想改变了社会互动的面貌，让它变得规范、理性和官僚化。管理者以商务管理一样的手法运营公共事务。

理性的崛起

对韦伯来说，启蒙运动和科学革命中分别萌发了两种相关但不尽相同的理性。

一方面是洛克和康德这样的思想家提出的道德理性。他们强调个人自由，并声称每一个人自身即是目的。

另一方面则是程序理性，即按照明确设计的、有效的规则运行——也即管理的理性。

理想而自由的图景是，设置程序理性，使其服务于道德理性这一目的。

可是，现实却恰好相反。

程序理性成了目的本身——对市场和社会进行有效和规范的管理本身成了目标，个人生活彻底沦为其从属。

在资本主义制度下，利润成为商业机构的目标，而它们的员工和顾客是实现这一目标的手段。管理专家和经理人以不断满足机构需要为生，靠的是提高员工效率和顾客的消费额。

让机构服务于人

韦伯认为，不应忘记机构是用来改善人们生活的。这意味着，机构首先要考虑的是人，而不是资料和数据。

我（即密尔，译注）已经说过了，任何社会机构的合理性，都应该来自于它为最大多数人的最大幸福服务。

这没有错，但这需要以合适的数据进行计算，应该根据不同情形实证测量——每一个机构所能满足的，都只是人们的某些需求。

所以，衡量一个机构，主要是看在法律和标准的框架内，它多大程度地满足了人们。这将真正有助于所有个体实现自由和自主。

新马克思主义和法兰克福学派

那些继承了马克思的更极端的对资本主义的社会批判，认为其问题在于自由主义意识形态本身，而不只是它付诸实践的方式。在大萧条期间，是法西斯主义的兴起而非预言中的共产主义革命，让某些马克思主义理论家把法西斯主义作为资本主义在必然崩溃前的最后应急手段来分析，这就是 20 世纪 30 年代新马克思主义社会思想的起源。

> 新马克思主义理论的长久影响力，很大程度上要归功于法兰克福学派的思想家，他们是在 1930 年我成为法兰克福社会研究所的负责人后聚集在一起的。

马克斯·霍克海默
（1895—1973）

当德国的形势开始威胁到这个以犹太人为主的思想家圈子时，他们转移到了纽约，在哥伦比亚大学继续做研究。正是在哥伦比亚大学，他们的思想得到了真正的发展。

对法兰克福学派来说，后工业经济晚期的核心是文化的产业化。在这个满足人类物质需求不再成为问题的时代，文化成为主要的产业。

后工业经济的特征是，工业已有能力满足人们的所有需求。

当预言中的共产主义时代应来临之际，料想不到的事情发生了——科技，将我们从短缺中解放出来的武器，变成了凌驾于我们之上的新力量。

崇新

当人们无须因自然条件和物质短缺而只为生存工作时，法兰克福学派观察到了一种生产系统，它让所有人都臣服于其机制自身的法则。而激发这一机制的，是无止境的技术进步。

在一场对新事物的无限崇拜和攀比中，商品完全变成了即弃品。在后工业经济时代，人类只需付出其生产能力和工作时间的一小部分，就能始终满足所有人的实际需求。

人们确实比过去有更多的"闲暇时光"，但随着消费文化的扩张，消费的机会也变多了，即使是在工余休息的时候。

到了最后，一个人几乎每一秒钟都在为某些人的利润而忙碌。

Buy Now

摘下消费文化的面具

然而，由于"闲暇时光"的这种转变，马克思投入了不少精力的关于工作日制度的斗争，在后工业经济时代已经越来越不成为一个问题。

霍克海默的新马克思主义思想最重要的贡献在于，他承认单是物质条件并不会引发革命。这打破了马克思对绝对历史进程的信念。对霍克海默来说，超越后工业经济时代的唯一方法，是使人们意识到内含于消费文化中的极权主义成分——而要达到这点，只能通过教育。

这一思考模式对"新左派"的形成和 20 世纪 60 年代的学生暴乱都有很大的影响。

阿多诺与媒体

霍克海默最著名的学生与合作者是**西奥多·阿多诺**（Theodor Adorno,1903—1969），他关注的是全球消费文化的形成。

> 对大众传媒，如流行音乐、好莱坞电影和商业电视来说，大众对这些产品的消费就是它们的命根子。

> 为此，它鼓励明星崇拜、焦点新闻和花边消息，这样它就可以靠不断变换的花样提供同样的即时娱乐产品。

对阿多诺来说，大众传媒构成了后工业经济的支柱，"麻醉"大众并妨碍他们改善自己的社会处境。是媒体，而非宗教，成了"大众的鸦片"。

大众文化的副作用在于，任何可能批判和改变社会现实的"严肃"艺术都逐渐消失。

所以大众传媒在鼓励消费文化的同时，也合力扼杀了所有其他可能的选择。

Mass media is really a tool for constructing people's consciousness on a mass scale. It makes it possible to broadcast the same information to millions at once. So the way the masses think and behave can be dictated to a considerable extent by those who control the media. People are practically told how to think, and are programmed to keep the technological machine running.

Frankfurt School member **Herbert Marcuse**
(1898–1979)

Mass media is really a tool for constructing people's consciousness on a mass scale. It makes it possible to broadcast the same information to millions at once. So the way the masses think and behave can be dictated to a considerable extent by those who control the media. People are practically told how to think, and are programmed to keep the technological machine running.

Frankfurt School member **Herbert Marcuse**
(1898–1979)

大众媒体确实是一个大规模地建构人们意识的工具。它能够即时地向无数的人播放相同的信息，所以大众的思考和行为模式在很大程度上就能够任由控制媒体的人摆布。人们几乎是被告知如何进行思考的，而且他们被程式化，以保持这个机器的持续运转。

法兰克福学派成员 赫伯特·马尔库塞
（1898—1979）

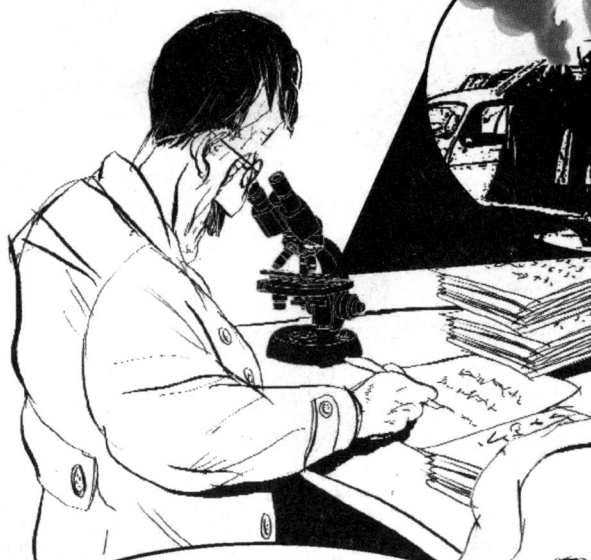

赫伯特·马尔库塞

资本主义社会背后的科学和技术式思维，正是问题的根源。

我们思考社会问题的方式意味着最重要的问题永远无法解决。

当代资本主义的系统涉及官僚管理，专业的科学分析，以及可以在统计学意义上验证的数据。这一系统能研究任何问题并根据任何需求重新进行调整，只要它们能在科学上和结构上被定义。

超越系统

看起来通过管理，我们就能够解决任何问题。

这一思考模式唯一无法想象的是理性管理本身的问题。

　　根据马尔库塞的说法，如果我们比较一下历史上普通人的生活，今天的生活在物质层面上无疑比以前好很多。现在人们有更好的机会接受教育，住房、饮食和医疗条件也提高了。过去的普通百姓唯一超过今人的地方是，他们意识到他们的社会状况远谈不上完美。

正是这一认识迫使大众做出改变，加班加点地工作，去全面提高他们的生活水平。

情境主义者

这些观念，有许多都被情境主义国际接受了。情境主义国际是活跃于1957年到1972年间的一个激进的左翼思想家和艺术家组织。他们中著述最多、活跃时间最长的是**鲁尔·瓦纳格姆**（Raoul Vaneigem，生于1934年）。

并不是只有资本主义落入了资产阶级的商品魔咒——苏联，尽管其基本需求都得到了满足，但仍十分强调提高生产，所以说到底它还是一个资产阶级国家。

你了解这一点，甚至要先于你对他们的统治阶层（也就是自称为政治局的那个阶层）的了解。

与之前的霍克海默一样，情境主义者认为，商品的扩散以及越来越多的闲暇时光花在经济活动上，将每一个人都变成了工人阶级。

德波和景观

这个群体对资本主义的理论批评在**居伊·德波**(Guy Debord, 1931—1994)那里发展得最为充分。德波用了"**景观**"(the spectacle)这一概念—— 大体上,是马克思"异化"概念的一个带有戏剧色彩的升级版——来分析后工业经济中商品的角色。

一旦货物丰富得可以满足每一个人,实用性就不再是价值的主要来源,而商品拜物教则变得普遍起来。

商品的兴起带来景观的兴起,并由此给予物品一种代替使用价值的景观价值。

《景观社会》(1967) 最扼要地概括了这些观点。对德波来说，连反抗也成为一种商品；看看那些瞄准并卖给焦虑的青少年的产品就知道了。所以，大多数党派政治的辩论，以及那些所谓另类生活方式的理论，实际上提供的不过是一模一样的基本制度——它们只是一件换了新景观包装的商品而已。

每一个选择都是伪选择

现代社会已经以景观为手段渗透到每一片陆地的社会表层。

它定义了统治阶级的计划，并对其形成负有责任。

就如它将伪商品展示得令人垂涎不已，它也为当地的革命者提供了虚假的革命模式。

德波，
《景观社会》，
§57

随着每一个选择都变成了伪选择，且人类变得越来越脱离实际，世界也因此变得平庸乏味。事物越是乏味，景观就越是坚称这些东西的重要性和活力，断言它们绝不平庸。

为了对此进行抵抗，情境主义者组织了许多干预行为和公共活动。然而，他们实际的政治行动却不外乎出版漫画、蓄意破坏和涂鸦。

打倒这个饿不死，但以无聊至死
为代价的世界。

反对睡眠

和噩梦 #6

当 1972 年情境主义国际解体时，其成员只剩下了两名。其他人多数因为不赞同德波而要么退出，要么被开除。连瓦纳格姆 1970 年退出时，也因提及个人和团队的失败而招致尖刻的指责。1988 年，德波出版了《景观社会评论》一书。在书中他说景观已经变得如此强大，以致不可能再与之对抗。1994 年，他自杀了。

右翼对资本主义的批判

对左翼的批评家来说，资本主义生活穷困贫瘠的论断并不新鲜特别。而在保守派的批评家中，同样的观点也有很久的传统，其原因包括认为资本主义将会把我们带离精神生活，以及会导致传统价值的崩塌。这就是卢德社会运动的起源。它发生于 1811 年至 1812 年英国工业革命早期，引发了对工业纺织厂的攻击。

更近期，这一思想脉络在**马丁·海德格尔**（Martin Heidegger, 1889—1976）的哲学里得到了清晰的表述。

科学技术精神是现代生活的核心。

科技思维把世界上的一切东西都看作是原材料——一个东西的唯一价值在于它能够被制造成什么。

换句话说，科学思维是纯然的虚无主义的。

资本主义是这种科技精神在经济方面的表现。

它产生于对就盈利问题所做的技术性思考的运用。

资本主义思维和科技思维一样，都是虚无主义的，因为在资本主义里面，没有一件东西是有内在价值的，有的只是市场上的交换价值。不同职业和生活方式之间的所有本质区别都消失了，因为它们都渐渐消融到资本主义市场和生活方式中去了。

知道你的位置

　　保守派对现代性和资本主义的批评，某种程度上是在怀想现代化以前的社会环境。在农业社会，人的环境、文化、职业和社会地位都是一体的。对每一个人来说，他所在的世界和他自己的位置充满了意义和价值，而社会生活是一个完整的整体，尽管局限于一时一地。

> 在现代社会则恰恰相反。不管你在哪里，你都是这个流动的全球文化的一部分，与任何地域、历史和价值体系都不相关。

> 生活曾可能有过的任何价值，都已经被渗透在生活的所有方面的大众文化彻底取代了。

145

列奥·斯特劳斯（Leo Strauss, 1899—1973）将这个讨论引入到政治领域。

> 我谴责现代自由主义和资本主义思想，因为它基于严格的"事实—价值"区分（即，是什么和应该是什么的区分），并将价值从政治和经济中移除了。

> 我呼吁应更多地回归到古希腊的政治观，对所有公民的"好生活"——有价值的生活——负责。

按保守派批评者的说法，对社会所实行的科学和技术管理是问题的根源，它所缺乏的，是对人类目的，以及对正义、高尚和美好生活这样的概念的深入的哲学理解。在自由主义引以为傲的诸种自由中，应该有一种不按都市资产阶级那般生活的自由。

源于霍布斯和洛克的现代社会和资本主义思想，是建立于最基本的人性之上的——欲望、自我中心和贪婪。现代性应该包含对人生价值的讨论，在古代，这是非常普遍的。

政治应该重新建立在对人类的本性和价值的理解上，并允许每一个人有智识发展和自我实现的空间。

简言之，保守主义思想家呼吁的是一种意识形态上的而非物质上的革命。他们并不想改变物品的分配方式，而是要取代管理、科技和进步作为现代社会核心价值的地位，其途径主要是通过教育和智识来影响身居社会要职的精英群体——比如知识分子、宗教机构和政府。

约翰·罗尔斯（John Rawls,1921—2002）以《正义论》（1971）一书在英语国家重新唤起了学术界对政治哲学及资本主义中社会公平问题的兴趣。在书里，罗尔斯试图用社会契约论的观点解决商品公平分配这一存在已久的问题。

与霍布斯和洛克不同，我并没有以自然权利这一概念作为我研究的出发点。

相反，我试图找到一个视角，使人们在评价事物时不至陷入到自利的泥沼中。我把这个不偏不倚的视角叫作原初状态（original position）。

原初状态所依据的观点是，如果你不知道你自己的个人利益，那么你唯一能做的就是公正行事。因为只有公正行事，你才能够将自己的风险降到最低——无知造就公平。

罗尔斯真正问的是：

假如你置身于"无知之幕"（veil of ignorance）后面，你将怎样思考事情？

……如果你不知道你在社会中的位置，不知道你的阶级位置、信仰、性别、种族或社会地位，不知道你多富有、多聪明、多强壮……

……对自己的所有怪癖和特别的心理特征一无所知？

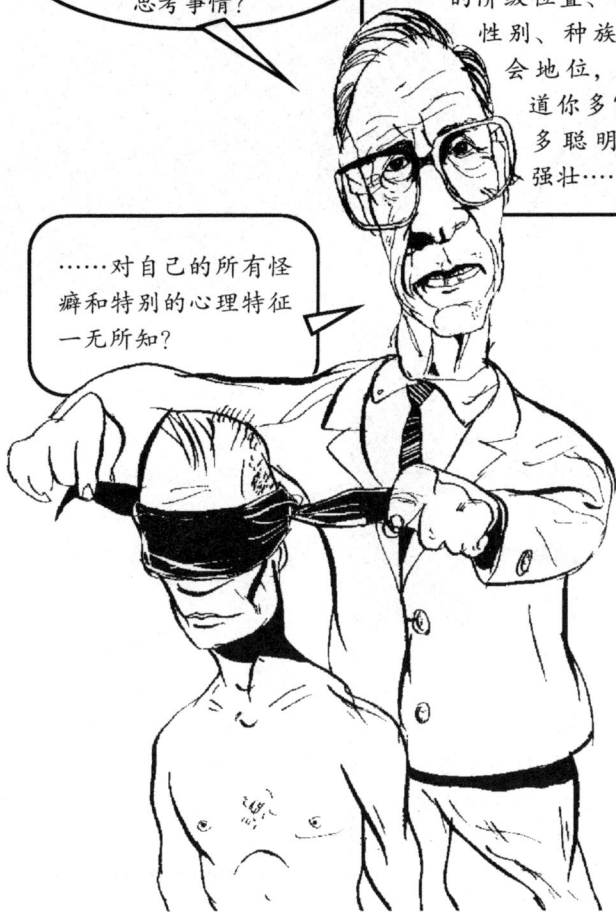

　　罗尔斯的回答是，从原初状态出发，我们会选择一个将个人风险降到最低的社会。因为私心会引导我们远离那种使我们到头来变成奴隶的处境。

自由和差异

罗尔斯认为，从原初状态出发，所有理性的人都会选择以下基本原则。

1. 人人都拥有平等的权利以享有最广泛的基本自由，这种自由兼容于其他人享有的类似的自由（**自由原则**）。

2. 社会和经济不平等应当如此安排，以使：
a) 机构和职位必须在机会公平均等的条件下对每一个人开放。
b) 它们应当使最弱势的社会成员最受惠（**差别原则**）。

根据差别原则，只有物品的分配方式比其他任何方式都更有助于社会最弱势者时，这样的社会不平等才是正义的。

自由原则表明罗尔斯忠实于自由主义以及一个大体的资本主义框架；差别原则体现了罗尔斯对古典自由主义的修正，及将其与社会正义重新整合的尝试。

在现实中，差别原则体现在现代典型的福利国家的经济政策上……

比如累进税制以及那些为更好的公共教育、医疗、交通和就业条件提供资金的经济因素。

虽然罗尔斯的观点基本是自由主义思想里最左倾的，但不应该将它和社会主义混淆起来。它们的主要区别在于，罗尔斯并没有把平等和缩小社会差距本身视为目的。对罗尔斯来说，社会中是否存在总体不平等并不重要，只要穷人能从中受益。

诺齐克和右翼自由主义

对罗尔斯理论的批评包括，原初状态可能并不像罗尔斯呈现的那样——它可能并不如罗尔斯所坚称的那么中立，而可能暗中倾向于现代的、个人主义的社会结构。对罗尔斯的最著名的批评，也许来自他的哈佛同事罗伯特·诺齐克。在其著作《无政府，国家和乌托邦》（1974）中，诺齐克支持右翼自由主义。

换句话说，我相信人们有许多权利——生命权，私人财产权，等等——国家除了保障这些权利外，不应该插手个人的生活。

对我来说，所有的再分配机制都是对人的自由的侵犯。

为了说明这点，诺齐克做了下面这些思想实验。

首先，选择一个你最喜欢的资源分配机制（比如，根据能力来分配，或者根据需求来分配）。

现在，假设这一机制正在运行。然后我们拿职业篮球运动员威尔特·张伯伦做例子。

作为我的合约的一部分，只有在每一个来看球赛的球迷都把 0.25 美元放进大门口的箱子里后，我才会打比赛。而这些钱直接归我所有。

在一个赛季中，有一百万人会花这 0.25 美元来看威尔特打球。那么，到赛季结束时，他就会多赚 25 万美元。

威尔特

现在的问题是："这种情形公正吗？"

153

税收等于强制劳动？

对诺齐克来说，威尔特多挣这些钱是完全没有错的，因为这个协议是人们自愿达成的。而且他认为，无论在威尔特这么做之前你选择了何种资源分配方式，这都是公正的。

诺齐克认为以下观点的建立是有充分理由的：即任何一个体系，如果它要求商品的分配机制必须符合某种特定的模式，那它就是错的，因为它侵犯了人的自由，这就是为何"某些国家会阻止成年人之间自愿进行的资本交易行为"。

即使是以税收的方式进行再分配，仍是对自由的侵犯。

归根究底，如果你一周工作40个小时，同时要缴纳25%的税，这意味着你工资里的25%不是你自己的。就是说，事实上，你一周里有10个小时完全是在为其他人而工作。

从这个意义上讲，税收就是一种强制劳动。

然而，正如某些对诺齐克的批评所指出的，这些纳税人所失去的自由，往往增进了穷人的自由，他们可因此从一些事情上获益，如获得免费教育等。

诺齐克所承认的那种权利和自由，更多是像生命权之类的——比如，专门保护人们免受伤害这样的消极权利——而不是提供帮助或援助的积极权利，如教育权。诺齐克主张的是最小国家（minimal state）。

国家的正确角色，就是保护我们免受来自他人或外在的威胁。

只有在保障权利，保护人们免受压迫、欺骗和盗窃，以及执行合约时，国家才是正当的。

如果国家企图做这以外的事情，那么国家本身就是在侵犯人的自由，这是无法接受的。

根据这样的设定，诺齐克的乌托邦估计会迅速发展成 19 世纪那种野蛮的资本主义。

福山和历史的终结

透过黑格尔的棱镜看资本主义的思想家，并不是只有马克思一个。**弗朗西斯·福山**（Francis Fukuyama，生于 1952 年）也采纳了这一观点，即认为被视为人类发展进程的历史将会终结。但福山认为历史终结于资本主义和自由民主制度，而非其他什么主义。他因在《历史的终结和最后之人》（1992）一书中提出了此观点而闻名。

> 这本书的题目是一个黑格尔式的笑话……

> 最常见的误解是把我所讲的"历史"当成事件，而我要说的其实是，自由民主是人类政治意识形态发展的顶峰。

与马克思不同，福山同意黑格尔关于历史终结于 1806 年这个说法；其时，法国和美国革命的意识形态框架已经出现了。当然，在那之后人们也提出了一些新的观点。但是，对福山来说，这些观点都没有在自由民主上有真正的进展。

福山在 20 世纪 90 年代末撰写此书时，有大量实例可以用来佐证他的观点——在 19 世纪，基本没什么国家能称得上是民主的，然而在将近 21 世纪时，大多数的政府多少都宣称他们是民主国家。

即使是维持着严厉的一党政治的国家，比如前东德，都在口头上说要践行民主理念。

定向的历史

但是，20 世纪 80 年代末 90 年代初的苏东剧变，可能只是一个偶然事件。要断言它们就是历史的终结，福山需要给出一个机制来解释为什么历史是朝着这个方向发展。

福山从两个角度着手处理这个问题。第一个是从自然科学的角度论证人类历史是**定向**的。

这一论证，可以简单地归结为以下几点……

1. 人类在自然科学这个领域里，绝对可以说是取得了进步的——牛顿是一个卓越的物理学家，但可以很肯定地说，今天的本科生对这个世界的了解都比牛顿强。

2. 通过带来军事和经济上的优势，自然科学形塑了社会：军事和经济上取得的成就，意味着国家必须和邻国进行科技和生产技术上的竞争。

3. 这实际上带来的是工业化，因为它涉及的不只是将科学技术引入工作场所——它使劳动分工以及商品的运输更加合理化，也就是效率资本主义的核心。

然而，这一论证不足以让福山宣称资本主义就是历史的终结。为此，他还需要第二个论证，这包含两个观点：

1. 科学观念一旦被创造出来，是倒不回去的——这意味着，从根本上说，进步是单向的。

单行道

2. 人类不会再找到比市场经济更好的生产方式。

这将我们带到资本主义。然而，要确立进化过程的最终阶段是捆绑着民主制度的资本主义，则仍需要另外的论证。毕竟，单就经济来说，一个以市场为导向的强政府国家可能比一个民主国家效率更高，因为它不那么需要安抚民众。

为得到认可而斗争

与马克思一样，我认为历史是辩证的，由主人和奴隶之间的斗争构成。当这两极合一时，历史就结束了。

但和马克思不同的是，我从黑格尔及其阐释者亚历山大·科耶夫（Alexandre Kojève，1902—1968）那里吸收了这样一个观点：这其实是一场为了得到认可的斗争。确切地说，是一场为了让别人承认我们是与之平等的斗争。

对福山来说，承认他人平等，是允许他人享有法律上的平等以及参与决策过程的资格。换言之，正是基本的自由民主消解了主人和奴隶之间的紧张关系，因为它认可平等权利和选举资格。因此，民主也是历史的终结。

挑战自由市场

福山的论述从资本主义是最有效率的生产方式这一观点里汲取力量。但晚近，如诺贝尔奖获得者**乔治·阿克尔洛夫**（George Akerlof，生于1940年）和**约瑟夫·斯蒂格利茨**（Joseph E. Stiglitz，生于1943年）这样的经济学家，却开始更严谨地审视这一观点。

他们的研究挑战了亚当·斯密的这一观点：正是自由市场促进了生产和经济的繁荣，而这一观点是古典主义经济学和新古典主义经济学的核心之一。

约瑟夫·斯蒂格利茨

此观点是建立在这样一个假设上的，即市场是在完善的信息下运作的。但事实上，这种情况几乎从来不存在。

公司的管理者通常会比它的股东更了解公司的表现，而卖家通常会比买家更了解他们商品的质量，等等。

发展中国家：自由贸易……

在斯蒂格利茨那里，这一简单的观点演变成一个更远大的研究计划：应该如何帮助发展中国家的经济发展。

大部分人都同意，多数发展中国家的贫困问题是要得到解决的。但在如何发展的问题上出现了意见分歧。

问题在于，许多非洲和南美洲国家都被教授了一条错误的经济发展路径。这一路径，在当地经济和社会还没准备好的情况下，优先发展自由贸易，推行私有化，并把政府的干预降到最低。

……还是国家资本主义？

今天的韩国民主、繁荣、发达，它达到这一步靠的并非自由贸易，而是类似于国家资本主义的路径。

这包括：保护关税；政府资金对教育和基础建设的明智的投资；政府直接介入钢铁工业。

20 世纪 80 年代，非洲许多地区的经济十分艰难。于是，我们向世界银行寻求帮助。

我们得到了投资，但附带了不少条件，包括不切实际的还款计划，向西方商品开放我们的市场，而我们却没有东西可以卖出去。

最关键的是，韩国那样的政府直接投资恰恰是被禁止的。

我觉得令人震惊的是，尽管有这样的实例，人们仍坚持认为自由贸易是帮助发展的最好方式。对我来说，那只是对市场运作的误解——它们在本质上就是不均的。

斯蒂格利茨并非没有受到批评。也许，在他的发展观以外，另一个显而易见的选择是，承认韩国的干预主义政策是行之有效的，但将之视为不得不为之的应对措施，因为西方政府一方面要求发展中国家对西方商品开放市场，另一方面却维持他们自己的关税并对国内行业，如农业，给予补助。

从广义的新自由主义观点来看，问题并不在于自由贸易不利于发展，而恰恰是自由贸易从来没有获得过机会。类似地，新自由主义也同样接受信息不对称制造了不稳定这一观点，但认为处理这一问题的正解并不是更多的政府干预，而是更少——而且政府应该把重点放在消除这些信息差距上。

伊斯兰和资本主义

资本主义并没有受到这些学说的影响，而是继续扩张。其最大的增长领域之一，是伊斯兰银行（Sharia banking，遵从伊斯兰教法的银行）。与《圣经》一样，《古兰经》对于收取利息持否定态度。

"你不可向你的弟兄收取利息，无论钱财的利息、粮食的利息，或是任何可生利之物。"

《申命记》23:19

"你们为吃利而放的债，欲从他人的财产中增加的，在真主那里，不会增加；你们欲得真主喜悦所施的财物，必得加倍的报酬。"

《古兰经》，罗马人 39

但是今天，穆斯林往往比基督教徒以更严肃的态度来看待这一戒律。其结果是，他们对传统的资本工具做了许多巧妙的改造。

伊斯兰银行

其贸易融资的标准方式，叫作穆拉巴哈（murabaha，即成本加成融资。——译注）。

一个需要原材料的制造商，会请求银行以他的名义购买这些原材料。

如果银行认为这是一个好的投资，它会买下这些商品，并向这家公司收取服务费。这是合理的，理由是这些商品可能在银行拥有期间变质。

穆拉巴哈还可在商品运抵后分期偿还，所以从经济上来说，这对于银行就跟收取利息几乎是一样的。像汽车这样的东西可以用租借的方式来购买——一旦银行赚够了钱，租期结束，这些商品就转给它们的新主人。

伊斯兰资本主义的出现，就如 19 世纪末形成帝国的国家工业效率大幅提高一样，是资本主义的灵活性，乃至不稳定性的典型。毕竟，如果完全稳定，那么新的发展就不能取代旧有的运行方式了。对亚当·斯密来说，"看不见的手"既推动也约束了资本主义和自由市场的不稳定性。

只有当商品变贵，而更多的人可以通过增加供应或找到这些商品的低廉替代品并从高昂的价格中受益时，"看不见的手"才作用。

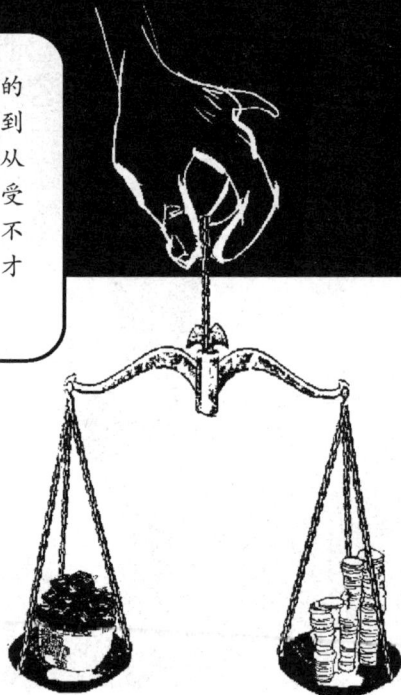

最后，市场会自动调整，因为供应的增加最终会克制价格的膨胀。

泡沫破灭

然而，这种不稳定性也能让事情失去平衡。早在 17 世纪 30 年代，早期的开拓者就制造了一起现在通常被当作是第一例的投机泡沫。

我们为郁金香发狂，在泡沫最厉害的时候，商品目录把某些特定品种的价钱定得比一个熟练工人年薪的 20 倍还高。

实质上，我们发展了一个郁金香期货市场，包括国外投资和取缔卖空行为的规定。但从 1637 年 2 月起，价格急剧下降，郁金香狂热随之结束。

当经济学家仍在争论郁金香泡沫的真正意义时，很清楚的一点是，资本主义的历史充满了如此猛烈的市场"调整"。它们是资本主义体制的一个特征，没人知道避开它们的万全之法是什么。它们对更大范围的经济以及给人们生活带来的混乱不尽相同。但在最糟糕的情况下，它们可以破坏全球经济，令数以百万计的人陷入贫穷和困苦。

延伸阅读

Smith, A., The Wealth of Nations, 1776. Smith's classic, and the launch pad for much of subsequent economics; surprisingly readable.

Hobbes, T., Leviathan, or the Matter, Forme, and Power of a Commonwealth, Ecclesiastical and Civil (commonly referred to asLeviathan), 1651. Early-modern masterpiece of political thought.

Locke, J., Second Treatise on Government, 1689. Locke's outline for a civil society; covers a lot of ground in a relatively small number of pages (the first Treatise is little read by anyone other than Locke scholars).

Mill, J.S., On Liberty, 1859, and Utilitarianism, 1863. Mill's two classics; On Liberty looks at the individual's rights in the face of the state, and grounds these rights on the utility principle which is discussed further in Utilitarianism.

Ricardo, D., Principles of Political Economy and Taxation, 1817. A key work in the development of the science of economics in general, and the first rigorous formulation of "classical" 19th century economics.

Keynes, J.M., General Theory of Employment, Interest and Money, Macmillan Press, 1936. Considered by many Keynes' most complete work, in which he lays down his most developed account of his economic theory concerning the fluctuations of the capitalist market and the way to control them.

历史

Runciman, S., A History of the Crusades, Peregrine Books, 1951 - 1954. Republished in Penguin; three-volume history of the crusades.

Berlin, I., Many Thousands Gone, The First Two Centuries of Slavery in

North America, Harvard University Press, 1998.

Brook, T. and Wakabayashi, B.T., Opium Regimes: China, Britain, and Japan, 1839 −1952, University of California Press, 2000.

Thorold, P., The London Rich: The Creation of a Great City from 1666 to the Present, Viking, 1999. A look at the history of London that follows the flow of income.

Hobsbawm, E.J., The Age of Revolution: Europe, 1789—1848, new edition, Abacus 1988. The Age of Capital, 1848—1875, new edition, Abacus, 1988. The Age of Empire, 1875—1914, new edition, Abacus, 1989. Three-volume study of the turbulent 19th century.

Friedman, M. and Schwartz , A.J., Monetary History of the United States, 1867—1960, Princeton University Press, 1963. Contains Friedman's famous assessment of the causes of the Great Depression.

Woodham-Smith, C., The Great Hunger, Ireland 1845—1849, Harper Collins, 1962, reprinted in Penguin. History of the the Irish famine.

韦伯和马克思

Weber, M., The Protestant Ethic and the Spirit of Capitalism, and Other Writings, Penguin, 2002. Outlines his view of the connection between capitalism, conceptions of rationality and efficiency, and the Protestant ethics.

Marx, K., Capital, Vol. 1: A Critique of Political Economy, Pelican Books, 1976. This is Marx's most developed account of the development and workings of capitalism, as well as its inevitable demise.

Robert C. Tucker (ed.), The Marx - Engels Reader, W.W. Norton, 1978. A collection of writings from all periods of Marx's creative thinking, showing the development of his thought from philosophy towards eonomic theory.

Hegel, G.W.F., Elements of the Philosophy of Right, 1821, and Lectures on the Philosophy of History, 1837.

新马克思主义

Marcuse, H., The One Dimensional Man, second edition, Routledge, 1991. Marcuse's last work, containing his vision of contemporary society and the "dictatorship of freedom" of the rational-scientific bureaucratic system in control of it.

Debord, G., Society of the Spectacle, 1967; English translation, Black and Red, 1970, revised 1977. A classic of late 20th-century Marxism, the prose can be dense and technical (this edition is preferable to the Nicholson-Smith translation from Zone).

Debord, G., Comments on the Society of the Spectacle, 1989; new English edition, Verso, 1998. Pessimistic evaluation of the inescapable power of the spectacle.

Adorno, T. and Horkheimer, M., Dialectics of Enlightenment, new edition, Verso, 1997. Analysis of the effects of the scientific revolution on society. The "rational" tendency to reduce everything to quantifiable, operational terms results in the degrading of everything that cannot be quantified this way, including the worth of the individual, interpersonal relationships, and morality.

Adorno, T., The Culture Industry, Routledge, 1991. Adorno's most comprehensive analysis of mass media as the industrialization of entertainment and art, which become instruments of consumer culture.

Vaneigem, R., The Revolution of Everyday Life, second English edition, Rebel Press, 1983. Less technical and more accessible than Debord's Society of the Spectacle; a good place to start with Situationist thought.

保守主义

Martin Heidegger, The Question Concerning Technology and Other Essays, Harper Perennial, 1982. This is Heidegger at his most readable form, discussing the metaphysical dimension of technology, science and mathematics, via excursions into Greek and Modern philosophy.

Leo Strauss, What is Political Philosophy? and Other Studies, University of Chicago Press, 1988. A brilliant collection of essays in which Strauss lays out his unique understanding of political philosophy and the role of the philosopher in society. Strauss purports to solve the deep paradoxes of contemporary liberalism by recourse to the Greek conception of politics.

当代评论

Rawls, J., A Theory of Justice, 1972, second revised edition, Oxford University Press, 1999. Reinvigorated academic political philosophy in the 1970s; has become something of a modern classic for the liberal-left.

Nozick, R., Anarchy, State and Utopia, Blackwell, 1974. Often put on undergraduate political reading lists right after Rawls for balance – a clarion call for the libertarian right.

Fukuyama, F., The End of History and the Last Man, Penguin, 1992. Basically a bourgeois-Marxist utopia – perhaps more read and quoted than academically admired.

Stiglitz, J., Making Globalisation Work, Penguin Allen Lane, 2006. The former head of the World Bank looks at a raft of examples of how countries have developed since the end of the Second World War and offers suggestions for improving the process.

Friedman, M., Capitalism and Freedom, University of Chicago Press, 1962. The monetarist on the connection between competitive capitalism and political freedom.

致谢

本书插画作者感谢邓肯·希斯先生，波尔图咖啡馆的所有工作人员。本书献给西尔维利亚，以及世界上所有因人类的贪婪而受苦的人。

索引